Chime of Time

Yearbook Of Bengali Poetry In Translation

Chime of Time

Yearbook Of Bengali Poetry in Translation

Translation Editor	Anindita Mukherjee
Volume Editor	Amanita Sen

MOVING WORDS

An Imprint of The Antonym Collections

Moving Words

An Imprint of The Antonym Collections

USA | INDIA

151, D.H Road, Kolkata - 700104, India

theantonymmag.com

Cover & typeset by Niladri Dasgupta

Published by Moving Words, The Antonym Collections, 2025

1

ISBN: 978-93-49203-70-9

This is a work of fiction. Names, characters, organizations, places, events, and incidents are either products of the author's imagination or are used fictitiously. Otherwise, any resemblance to actual persons, living or dead, is purely coincidental.

Printed and bound in India by

Sarat Impressions Pvt. Ltd.

18B, Shyama Charan De Street, Kolkata - 700073, India

Contents

Editor's note

Translation is a labour of language—endowed with a promise to listen closely, not only to the tendrils that connect languages, but also to the distances that translation animates. This yearbook is a promise: to begin now and to continue, year after year, our efforts to bring the fresh, urgent voices of Bengali poetry to an international audience. It is a promise to remain open, to exercise care, and to remain accountable in how we represent these voices.

In this inaugural issue, we have sought to include a wide range of poets—especially those published in magazines based in Kolkata. But we must also acknowledge the privilege of encountering poems published in little magazines within the confines of this city. Our task moving forward is clear: to seek out more voices, especially women and others whose poetry may not have reached us yet—whether due to caste, class, geography, or structural marginalization. Our vision is shaped by a futural urgency—a call for ever-widening representation.

Nevertheless, we are honoured to present here a gathering of poetic voices across diverse themes and styles, rearticulated through the nuanced labour of translation. This labour is never merely about linguistic equivalence; it is about listening to these words and voices behind them. Our translators—who are poets themselves—have taken on this challenge with both sensitivity and courage. They have navigated the space between languages not as gatekeepers, but as attentive listeners. Their choices—at times subtle, at times radical—illuminate the contours of the original works while allowing the English to breathe in its own cadence.

The yearbook, by nature, is both archival and curatorial. It seeks to mark a moment, yes, but also to open a passage. It is a work in progress, a gesture—a cartography of poetic imagination in motion, shaped by the rhythms of translation. It is as much a celebration of the poets as it is of the creative labour of the translators. I hope this yearbook travels. This is our response to that call of poetry and a preparation for developing better ears for listening to translated voices.

Anindita Mukherjee

Introduction

It would not be an exaggeration to claim that Bengali poetry can stand alongside the best poetry written in any language across the world. While there is no dearth of great poems, there remains a palpable void in the realm of translated works- from the original Bengali into English. This is where the importance lies: in finding a wider audience for poems that deserve to be read solely for their sheer merit in conveying meaningful messages to readers.

It would have been like the proverbial search for a needle in the haystack, had it not been for the wonderful collection of contemporary poetry belonging to Biswadip Chakraborty and Satadal Mitra—both accomplished authors themselves- who provided invaluable resources to choose from.

Sanghamitra Haldar, a poet herself, and I joined Satadal Mitra in scouring the pages of the Bengali poetry magazines from the year 2023. For days,we searched for poems that could make it into this anthology. Although we worked independently, our selections often overlapped, because we believed a year-book must reflect the present time as closely as possible. There was a conscious effort on our part to choose works that felt relevant to the world around us.

The factors we kept in mind while selecting the poems included diversity of themes, styles and rhyme schemes. Throughout the selection process, we remained true to the rationale behind the compilation. One question we constantly asked ourselves was how closely our choices represented the present moment-enough to justify calling this a yearbook. Poems dealing with war, which the world continues to witness, those reflecting on the ecological impact of the post-Covid era, faithfully mirror the contemporary times.

Faithfully translating the idiomatic expressions embedded in Bengali poetry posed significant challenges. We strived to convey the original tone and spirit of each poem, while also ensuring a smooth reading experience in English. Reinterpreting cultural contexts and navigating metaphors steeped in localism was a daunting task.

It was a difficult decision to exclude many brilliant poems simply because including them would have resulted in much larger volume than the present one. The only other reason for excluding numerous worthy poems was that they simply did not come to our attention amidst the vast wealth of verses published during that year.

Moulinath Goswami, Amitava Sen, both poets and translators of considerable repute—readily joined me in translating the selected poems. I remain grateful to both of them for their unconditional support in working through the collaborative process, which played out over countless emails and phone calls. Their insight and sincerity were crucial to faithfully interpreting complex expressions across languages. Having multiple translators helped break any monotony in style and tone.

I am especially thankful to Amitava Sen for suggesting the title, "chime of time" which rhythmically captures the essence of the content within. Even if it may not be an exhaustive compilation, this volume from Antonym Publications certainly offers more than just a glimpse into the vibrant world of Bengali poetry.

There is always a fine line to tread between the two languages- with their meanings, subtexts, and contextual nuances. To the best of our abilities, we have strived to ensure that as little as possible is lost in translation. May this volume reach readers who seek a glimpse of the enduring power of truth -a cornerstone of great poetry originally written in one of the most widely spoken languages in the world.

Amanita Sen

Acknowledgment

We extend our heartfelt gratitude to the editors and publishers of the magazines where the original poems first appeared. Their platforms have been instrumental in bringing these remarkable works to readers and in preserving their literary significance. We have acquired the poems from the following magazines.

Kabi Sammelan
Kledoj-kusum
Guhalipi
Ebong Soikatha
Chitrak
Shatanik
Bandhabnagar
Abagunthon
Louis Pa
Mil Amil
Shouti
Ajkal Prakashona
Dhansere Prakashan

আসন্নমৃত্যু

- অমিতাভ সেন

আধার পেলে, আঁধারে যেমন
আস্থায় ভরে দু-নয়ন,
আস্তিকও পায় মুক্তি তেমন
আসক্তি না করলে চয়ন।

ভোরের ভরসা আর করে না আঁধার
ভোগায়তনে তাইতো লাগে অমেধ্য আঘাত—
ভোমের ঘোরে ফাঁসছে শিকার,
ভোল পালটে পালটে, কেবল হাত পাকায় কিরাত।

তারপর, তারার নিবেশ পড়লে খসে
তামাটে আকাশ মুষড়ে পড়ে
তানের তোড়ে মধুমেলায়, মজেছিলাম কোন মুদ্রাদোষে,
তারের বেড়ায় যখন জীবন থেকে জীবন ছেঁড়ে?

আসন্নমৃত্যু জেনে সভ্যতার
আয়ু হারায় পদ্য আমার।

Impending Death

- Amitava Sen

Just as at the hint of a support
eyes brim with faith in the dark,
a theist too attains freedom
if he doesn't choose addiction.

Darkness no longer depends on dawn
foul blows lash at pleasure pursuits –
preys fall for stupid illusions,
the hunter changes and changes guise, hones his aim.

And then, as the colony of stars crumbles
the copper sky becomes despondent,
Carried away by some refrain, for which quirk of mine
did I indulge in this carnival, when life
is being ripped off from life by barbed wires?

Learning about civilization's impending death
my poetry loses its life.

Dhansere Prakashan Moulinath Goswami

আমি অনেকের চিৎকার

- অনিমিখ পাত্র

আষাঢ়ে বিদ্যুতে ঝড়ে জলে কিংবা ঠাঠা রৌদ্রে পোড়া
মনের ভেতরে যেই বাধ্যত দাঁড়াই, ওহো, দেখি
দিকচিহ্ন উবে গেছে, ভ্রম হয় রাষ্ট্র যন্ত্র নেই
ধুধু বালুকা রাশির মতো না-এর বিস্তার।বুঝি
এমন কি আমার মন পুরোটা আমার নয়, তার
কিছু অংশে দালালেরা ঢুকে বসে আছে।আমাদের
জীবনপ্রপাত এরই মাঝখানে রাস্তা করে নেয়
আমাকে সুন্দর করে এইসব চোট-আঘাত এই
দাগ, রক্ত, ধিক্কার, নিজেরই বিরুদ্ধে হোহো হাসি
যেহেতু নিশান নেই, ভেবেছি একাই আমি পুড়ি
সব সেতু নষ্ট করে ওদের পুলিশ আর সেনা
আসলে তো ওই ওই ইঁদুরের আগুনই জ্বলে খুব
আমার ভেতরে, আমি এতকাল বুঝতেই পারিনি
কোথাও একাকী নই, আমি অনেকের চিৎকার

I am the Cry of Many Others

- Animikh Patra

Be it monsoon, lightning, storm, rain, or searing sunlight
whenever I stand compelled inside my mind, Oh! behold
the pointers gone, State machinery appears absent
negation sprawls like a deserted sandscape. I realize
even my mind is not entirely mine, middlemen
have occupied much of its parts. Our flow of life
steers its way through all this.
They beautify me – these blows and wounds,
scars, blood, damnation, I burst out laughing at myself
For there was no mark, I thought I was burning alone
Their armed forces and police raze all bridges down
In truth it's that fire, the distant fire that burns
inside me, I never realized in all these years
I am nowhere alone, I am the cry of many others.

Aajkal Amitava Sen

রাষ্ট্র

- অনিতা অগ্নিহোত্রী

যখন উঠতে বলব, উঠে যাবে, ডান বাঁয়ে মাথা ঘোরাবে না।
যেখানে বসত করতে জায়গা দেব, সেইখানে বসে যাবে।
কবে উঠতে হবে যদি নাও বলি,
যে কোন সময় এসে লণ্ডভণ্ড করে দিয়ে যাবো গৃহস্থালি।
কারণ এ পাহাড় মাটি এ জঙ্গল পৃথিবী আমারই, যতই পুরোনো হোক,
আমার আইন তার মালিকানা বদলিয়ে কেড়ে নিতে পারে মৃত পূর্বপুরুষের দগ্ধ হাড়।
লাথি মেরে ভেঙে দিতে পারে ফুটন্ত গমের জাউ, তার পোড়া হাঁড়ি।
আমি ভালোবাসি কীর্তি, বড়সড় দৃশ্যমান ছবি, অট্টালিকা,
চওড়া রাস্তা সিক্স লেন, নদীতে বিপুল বাঁধ, যাতে চলবে প্রমোদ তরণী,
শহরের মধুপিয়াসিরা প্রমোদ নৌকোয় চেয়ে সন্ধে বেলা বেড়াবে বাগানে,
যেখানে তোমার খলিহান ছিল, কিংবা রান্নাঘর।
জঙ্গলে তোমার পাট্টা নেই জেনে রেখো, থাকলেও জনস্বার্থে, সকলি আমার।
তোমার জন্য আমি, দ্বারা, এবং তোমারই। কিন্তু হে প্রজাবৃন্দ,
জনস্বার্থ সবার উপরে,
সেখানে কেবল আমি, রাষ্ট্র, রক্ষী রাজস্ব বাহিনী।
তুমি প্রজা, আজন্ম, আমরণ ভেবেছো কি মরবে বেঘোরে,
জলের তলায় রেখে লুপ্ত গ্রাম, উঠে আসবে টিনের খাঁচায়।

State

- Anita Agnihotri

Whenever asked leave, turn neither left nor right.
Wherever I allow you space to settle, squat right there.
Even if I do not tell you when to disperse,
I can walk in and vandalize your household anytime.
Because the mountains, the lands, the forest belong to me,
however ancient they might be,
my law can alter their ownership to seize the parched bones
of the ancestors.
The boiling wheat mush can be kicked and the burnt pot too.
I adore achievements, grand murals, mansions,
broad six-lane thoroughfares and massive dams built on the river.
To set sail the luxury-barge,
the pleasure-loving city-dwellers riding through the evening
will keep gazing at the luxury-boats roaming the gardens,
where your farmyard or kitchen once stood.
Remember, you have no claim over the forest, even if you once did,
for public interest everything is mine.
I am here for you, made by you and I am yours –only yours.
But dear members of the State,
public interest is above all.
There I alone exist , along with the State, the security forces and the revenue gang.
You are mere subjects, lifelong, forever thinking of dying a miserable death,
burying dead hamlets beneath water-bodies, only to drift up in tin-cages

Ebong Soikatha Amitava Sen

এখন বলবেন?

- অনুরাধা মহাপাত্র

এখন প্রেসিডেন্টকে কিছু কি বলবেন না লেনিন?
তাঁর ওই জলতারা ভাঙা গলায়
বলবেন তো, এও এক প্রকাণ্ড ভ্রম শতাব্দীর পর শতাব্দী?
দীর্ঘ নিকষ ষাঁড়ের মতো সময় পেরিয়ে
ব্রহ্মাণ্ডের মানব স্টালিন এসে
জোরালো করুণতর করাঘাত করবেন না
জ্বরগ্রস্ত উন্মাদ প্রেসিডেন্টের কাঁধে-
'চারদিক দেখে মনে কি হয়না তোমার
করে তুলছ বন্ধু-স্বজন শুধু যম?

ইউক্রেনের ধ্বংসস্তূপে দিকহারা
রক্তে কাতরানো রাস্তায়
সুনসান
হাঁটু মুড়ে জানু পেতে বসে
চিরদিনের প্রার্থনা-ভঙ্গিতে বসে
দেবেন কি এক আঁজলা নদী জল
গুলি খেয়ে হুমড়ি খেয়ে আছড়ে পড়া
মানুষ ও শিশুদের মুখে
রোজা লুক্সেমবার্গ, আনা আখ্মাতোভা?
ওহে যুদ্ধবাজদল,
এটুকু শান্তি তো
চাইতে পারি আজ!

Would You Speak Now?
- Anuradha Mahapatra

Won't Lenin speak to the President now?
In his husky voice,
would he admit, that this too was a delusion
carried over centuries?
Having crossed the densely pessimistic time,
will not the man of the universe Stalin
pat hard but kindly on the President's shoulder-
"Watching around don't you feel you have
made enemies out of your pals and kins?"

At the ruins of Ukraine, rudderless,
on the blood-bathed, groaning desolate roads,
kneeling down in the eternal posture of praying,
will you offer a fistful of river-water
to the bullet-ridden, toppled-over mouths
of men and children,
Rosa Luxemburg, Anna Akhmatova?
Hey, the warmongers,
                can I ask for some peace,
                                today!

Kabi Sammelan — Amitava Sen

প্রান্তিক স্টেশন থেকে

- অরণী বসু

ছড়ানো এই পৃথিবীতে একই সঙ্গে কোথাও দাবানল,
কোথাও অতিবৃষ্টি,
কোথাও দিন, কোথাও রাত্রি,
কোথাও হাত-ধরাধরি খেলা, শান্তিচুক্তি, কোথাও যুদ্ধ
কোথাও চোখরাঙানি।
নির্জন শান্ত এক প্রান্তিক স্টেশনে বসে আমি
ঝালমুড়ির সঙ্গে এইসব সাত-পাঁচ ভাবতে ভাবতে ভাবতে থাকি।
একটা নাম-না-জানা সাতরঙা পাখি দূর থেকে লক্ষ্য করে আমায়,
এলেবেলে পথ-কুকুর দুচোখ প্রত্যাশা নিয়ে চেয়ে থাকে
আমার এবং ঝালমুড়ির দিকে।
আমারও কি প্রত্যাশা কম?
তবু গোটাতে গিয়ে বারবার ছড়িয়ে ফেলি খেলা আর
আলটপকা কিছু ভুল বোঝাবুঝি স্টেশনের সিঁড়ি বেয়ে গড়াতে গড়াতে
জনবসতির দিকে চলে যায়।

From a Remote Station

- Arani Basu

Spread in tandem all over the earth, wildfire in some places,
somewhere pouring rain,
day at one place, night elsewhere,
game of coalition somewhere, peace treaty, somewhere war
threat elsewhere.
Sitting in a tranquil remote station
I keep mulling and mulling over all this, munching *jhaalmudi.*
A nameless seven-hued bird watches me from far,
a stray street-dog stares at me and my *jhaalmudi*
with expectation in its eyes.
Do I have any less expectations?
Yet I always bungle while wrapping up the game, and
some sudden misgivings roll down the station stairs
heading towards human habitation.

Guhalipi Amitava Sen

ধ্বংসের কিনারায়

- আশিস চৌধুরী

গড়োনি যা, তা ধ্বংস করার তুমি কে?
একটা গাছও লাগাওনি
অথচ কুঠার নিয়ে ঘুরছো
ফুসফুস ভরে বাতাস নিতে পারছিনা।
এই 'করোনোকাল' আমাদের চেতাবনী দিচ্ছে
শব্দবাজির দাপটে চোখ-ঝলসানো আলোর অন্ধকারে
পশু-পাখিরা ভয়ে কাতর হয়ে
ক্রমশ মৃত্যুর কোলে ঢলে পড়ছে
কোথায় গেল শ্যামা পোকা,
চড়ুই, কাঠবেড়ালি? সহ্যের একটা সীমা আছে
তাই হাতিরা শহরে এসে হামলা করছে
একদিন হঠাৎ যখন তারা একজোট হয়ে
আমাদের ঘিরে ধরবে, কে বাঁচাবে?
এখানে সাজানো বাগানে তুমি এসেছিলে
সে বাগান এভাবে ধ্বংস করার অধিকার তোমায় কে দিয়েছে?

At the Edge of Destruction

- Ashish Chowdhury

Who are you to destroy
what you have not built?
You have not sown a single sapling
yet you go around holding
an axe in your hand.
We struggle to breathe freely
These "Corona times" are warning us.
In the deafening sounds of crackers,
in the blinding light and darkness;
distraught birds and animals
are slowly slumping to death
Where are the leaf-hoppers,
sparrows and squirrels?
There is a limit to their patience.
So the elephants are barging into
the townships.
If one day they gather around us
Who will save us?
You came to stroll through this pruned garden.
But who gave you the right to destroy it this way?

Kledoj Kusum Amanita Sen

পুতুলপুতুল
- বাপ্পাদিত্য রায়বিশ্বাস

পুতুলপুতুল চোখ দেখলে
ভেতরটা নরম হয়ে আসে
পুতুল পুতুল চোখের পাতা পড়েনা...
কী করলে পাতাপড়বে ভাবতে ভাবতে
পা আপনিই এগিয়ে যায়
হাত লিখতে লিখতে খেই হারিয়ে ফেলে
পুতুলপুতুল চোখে চোখ রাখতে
ইচ্ছে করে
চোখ রাখলেই নজরে আসে
পাতাল-কুয়ো,
ঘোর লাগে
ঘোর লাগলে স্নান করতে ইচ্ছে করে
আর জলে নামার সপ্তাহ তিনেক পরেই
কোনও এক সৈকত-শহরের কাগজের
সকালের সংস্করণে
প্রথম পৃষ্ঠায় প্রকাশিত হয় --
"ভাটায় ফিরতে না পারা হাঙরটির
পেটে পাওয়া গেছে
এক ক্রেট বীয়ারের ক্যান
ছোট বড় গাড়ির দোমড়ানো নাম্বারপ্লেট
ফরাসী পারফিউমের বেশ কিছু শিশি
ঝিনুকের বোতাম
রুপোরশো-পিস
আর বিচ্ছুরণ- বিস্মৃত বেশ কিছু
রঙিনপ্রিজম "
বেসরকারি সূত্রে প্রকাশ,
সৈকতে ভিড়জমানো মৎস্যজীবীরাও বলছেন:
হাঙরখানার চোখ দুটো খুব কিউট --
ঠিক তাদের পরিচিত
মেছুনীদের ছোটবেলায়
জন্মদিনে উপহার পাওয়া
ঢাউস ভোম্বল
ভল্লুকটার মতো।

Cutie-pie

- Bappaditya Roy Biswas

Looking at the dollish eyes
I mellow from within
Those dollish eyes never blink...
As I think of ways to make their lashes flutter
my feet set out on their own
my hand loses the thread while writing
I wish to rest my gaze
on those dollish eyes,
and as I keep watching,
I see a deeply dug well,
I feel dazed
and in that stupor, I feel like taking a bath
and three weeks after going down into the waters
in the morning edition
of some beach-town newspaper
a news item reads from the front page-
"Inside the belly of the shark
that could not make it to shore,
was found a crate of beer
mangled number plates of big and small cars,
a few bottles of French perfume
sea-shell buttons
some silver curios
and a number radiance-oblivious
tinted prisms."
Fishmongers crowding on the beach too have said-
the shark had adorable eyes
much like the big teddies
their women received as birthday gifts
in their girlhood days.

Mil Omil Amanita Sen

সংশোধন
- বিভাস রায়চৌধুরী

রবীন্দ্রনাথের মতো আপনিও কবিতা কাটেন?
জীবনানন্দের মতো?
একজন বিধাতা-অধীন
অন্যজন বনলতা সেন...

কাটেন? কাটেন? শান্ত, সৌম্য কিংবা ঘোলাটে মানুষ,
যাঁরা দিনরাত শুধু এক শব্দ ফেলে,
আরেক শব্দের কাছে রাখতে চেয়েছেন,
আলোপোকা, অন্ধকার মথ...
কিছুতেই একমত নন...
তাঁরা যেন প্রতিদিন ক্রমশ ক্রমশ সৎ...

আর সেই আঁচড়-কামড় আমাকে পাগল করে!
শরীরের লেখালিখি কাকে যে দেখাই!

রবীন্দ্রনাথের মতো আপনিও কবিতা কাটেন?
জীবনানন্দের মতো?
ফাঁকাবাড়ি... পায়ে পড়ে আছি...
ওগো সৎ, আপনার সংশোধন চাই,
আপনার সংশোধন চাই।

Rectification

- Bibhas Roychowdhury

Do you rework your poems as Rabindranath did?
Like Jibanananda?
One besotted to God
the other, to Banalata Sen...

Do you? Do you rewrite? Those calm, gentle, perhaps confused men
who spent all day and night dumping one word,
and struggled to fit before another
fireflies, murky moths...
never fully agreeing...
as if growing more honest over each day...

And those scratches and scrapes make me crazy!
Whom do I show the writings of my body!

Do you rework your poems as Rabindranath did?
Like Jibanananda?
An empty house... me grovelling in earnest...
O you honest, I need your amends,
Need your rectification.

Kabi Sammelan Moulinath Goswami

খুদখুশি

- বিজয় সিংহ

এক দুই তিনবার খুদখুশি সমুখে দাঁড়ায়
খুদখুশি সম্মুখে রেখেছিল রক্তমাখা হাড়
তিন তিনবার
ও তারা ম্যেজেন্টা ধূম্র টগবগে লালবর্ণের
ও তারা জানালাবাহী, ঘরবাড়িহীন
ও তারা আশমানময়, নিভন্ত পথের

ব্রহ্মচারিণীর হয়ে এত থলপদ্ম ফুটিয়েছো
মুঠো খুলে উড়িয়েছো বেখুদি ভ্রমর
তোমার মুঠোটিই ফলে সত্যকাম আর
প্রকৃত সত্যের মতো
লোকাতীত হত্যাপ্রণীতেরা

ডানাওয়ালা খচ্চরের পিঠে চড়ে
নক্ষত্র পুরুষ গেছে চতুর্থীর ভোরে
চতুর্থ সন্ধ্যায় এসে
জন্ম দাগ নিয়ে গেছে মৃত্যুদের সখাসখিদল

Suicide

- Bijay Singha

Suicide stands in front of the eyes, once twice, thrice
Suicide kept in front the blood-stained bone
all of the three times
and, they were smoky magenta riotous red
and, they were casement-borne, destitute
and, they were all over the sky, belonging to the droopy pathway

For the nuns you have grown the ground-lotus aplenty,
opening your fists you set free the inebriated bees
hence your fist in essence is *Satyakam* and
like essential truth,
the unworldly murderers

Riding the winged mule
the star-limbed man has left at *Chaturthi* dawn
Arriving on the fourth evening
the minions of the dead have taken away the birthmark

Ebong Soikatha Amitava Sen

যে দেশ কোথাও নেই

- বিপ্লব গঙ্গোপাধ্যায়

কেবলই উন্মাদস্পর্শ, চারদিকে ভাঙনের খেলা
ভ্রান্তি বলে ছুটে আসে বিচূর্ণ আমি-র ফাঁকে রহস্য শরীর
ভাসমান জলবিন্দু, স্রোতের ত্রস্ত শব্দ
আলোর কিনারে
ওই পারে কেউ থাকে, নাবিকের নীল চোখে
জলের ভূগোল
দাঁড় টেনে চলে যায় দূরে
যে দেশ কোথাও নেই সেই দেশে স্বপ্ন ভেসে যায়

গর্বিত মাটির স্নেহে সব কান্না একদিন
সমুদ্রের কাছাকাছি আসে

কেবলই উন্মাদস্পর্শ
আলতো হাতে নিয়ে যায় বিস্ময়বাগানে
যে দেশ কোথাও নেই
অগোচরে একা একা তারই খোঁজে নৌকা ভেসে যায়।

A Country that Exists Nowhere

- Biplab Gangopadhyay

Ceaseless maddening touches, a dance of decay all around
A mystery form rushes through a shattered 'me' under illusion
Floating droplets of water, the sound of skittish tide
Along the edges of luminance
someone dwells on the other side, the water's geography
in the sailor's bluish eyes
rowing far away
Dreams drift to a country that exists nowhere

Atone proud earth's affection
all tears come close to the sea one day

Ceaseless maddening touches
ushers to the wonder- garden with tender hands
Alone, oblivious of all, the boat floats
in search of a country that exists nowhere.

Kabi Sammelan Amitava Sen

বইসব

- বিপ্লব মাজী

আলমারিতে আলমারিতে
বইসব
ইটপাথরের মতো বেঁচে আছে।
মাঝেমাঝে
বাইরে বেরিয়ে আসে,
আমি তাদের উল্টোপাল্টে দেখি,
ভেসে ওঠে কত স্মৃতি-
কোনোদিনই ফিরবেনা যা।
আমিই বরং নিঃশব্দে মিশে যাব
নীল আকাশে আকাশে।
আমি থাকবনা,
বইগুলি থেকে যাবে
নীরবে নিভৃতে একাএকা
কেউ তার পাতা উল্টাবেনা...

Books

- Biplab Majee

Inside the bookcases
the books
live on like rocks and pebbles.
Sometimes
they show up,
I look into them.
Memories revive
of all that will never recur.
I would be the one to silently merge
with the blue of the sky
I will not be here
but the books will live
in all quietude- secluded, lonely
No one will turn their pages again...

Kledoj-Kusum Amanita Sen

আদ্যাপীঠ ও পুরস্কার

- বিশ্বজিৎ চট্টোপাধ্যায়

ত্রিকোণমিতির অঙ্কে ভুল হলে সমাধান আছে
সংশোধিত তালিকার সংখ্যাতত্বে ভুল থেকে যায়
এটাই দস্তুর তাই ভুলের প্রাসাদে দিন
বাতাসা ও ফুল , বেলপাতা।

আদ্যাপীঠ মন্দিরের দ্বাররক্ষী বেহায়া কুকুর
এইসব জানে, তাই ভাগ পায় ভোগের প্রসাদে।

সাহিত্যের আদ্যাপীঠে অনুরূপ ভোগলুট চলে
একটি মানুষ শুধু লাঠিহাতে একাএকা হাঁটে
মহানির্বাণের পথে তার হাতে থেকে গেছে নিরক্ষর চাবি
যে তালাটি আদৌ খোলেনা।

Adyapeath and the Offerings

- Biswajit Chattopadhyay

Any error to a trigonometric sum can be solved.
Errors remain in the corrected list of statistical database
This is the rule, therefore, offer jaggery, flowers and
wood-apple leaves to the castle of blunders

The gatekeeper of *Adyapeath* temple, the shameless dog
knows this well, so it receives a share of the holy offerings.

Even at the ancient shrine of literature such burglary is rampant
A lone man walks along with a walking stick
On his way to emancipation he is left with an ignorant key in his hand
for a lock that will never open.

Chitrak Amanita Sen

রাত্রি

- বৌধায়ন মুখোপাধ্যায়

একটি রাত্রিকে তারা বেছে নিয়েছে
বিধর্মীদের ঘরেঘরে আগুন ধরাবে
দমকল ডাকলেও আসবেনা সব ঠিক করা আছে।

একটি রাত্রিকে তারা দাগিয়ে রেখেছে
গণধর্ষণ করবে অরক্ষিতা গৃহস্থনারীদের
যাদের পুরুষেরা গেছে কলকাতার বিরোধী সভায়

আরেকটা পিশাচ পুরুষের দল এককাল রাত্রি বেছে নিলো
গোমাংস ছড়িয়ে দিলো মন্দির চাতালে
আর বরাহশাবকের চামড়া ছাড়ানো লাশ
ছুঁড়ে দিলো মসজিদ প্রাঙ্গনে
কাল সকালেই দাঙ্গার রোষানলে জ্বলবে গ্রাম

একটি রাত নির্দিষ্ট রয়েছে সপ্তাহান্তে
তোলা আর জুলুমবাজির টাকা
ভাগ বাটোয়ারা হবে, আহা কি সুখের রাত
নিজেরা নেবে, স্থির হবে প্রটেকশন মানি
কাকে কত দিতে হবে
তারপর রাতভোর চুটিয়ে ভোজন আর মদ্যপান
নীল ছবি খিস্তি খেউর

আরও এরকম অনেকানেক রাত আছে
পরকীয়া অগুনতি ম্লেচ্ছরাত
নিষ্পাপ শিশুর সম্মুখে মায়ের নগ্ন আশ্লেষ

রাত মানে অবলম্বনহীন অন্ধকার
রাত মানে আলোর অভাব
রাত কেন এতো নিশ্চুপ হয়ে যায়
প্রহরীরা প্রাচীন ঘুমে ঢুলে পড়ে কেন?

Night

- Boudhayan Mukhopadhyay

They have chosen a night
to set fire to the house of those heretics
The fire brigade wouldn't show up
even if asked to, such is the plan.

They have chosen a night
to gang-rape the unguarded women,
whose husbands have left for Kolkata
to attend the opposition party meetings.

Another gang of ghouls chose
an inauspicious night
beef chunks strewn on the temple floor
and a skinned hog on the mosque-courtyard.
Tomorrow morning the village will be set ablaze
with the wrath of the rioters.

One weekend night is spent to split
the money extorted and coerced
Oh, how great is the night!
They will share among themselves, will fix
who to dish out the part of protection money
and in what amount.
Then a whole night would pass feasting, drinking,
watching porn films, vituperating

There are many such nights
of countless extra-marital affairs,
the embrace of a naked mother before her innocent child.

Night means helpless darkness
Night means paucity of light
Why do nights fall so silent
Why do the sentinels fall off to a fossilized sleep?

Kledoj Kusum Amanita Sen

ডিসেম্বরের কবিতা

- চৈতালি চট্টোপাধ্যায়

খেজুর গাছটিতে রসের হাড়ি বাঁধা তৃষিত তুমিও কি মনে মনে,
নর্দমার জলে তোমার নাড়ি টান মধ্য কলকাতা সবই
জানে।

কতদিনের কত গ্রীষ্ম-বর্ষার ঘাম ও বিভ্রম মেখে মেখে,
বেশ তো ঘোরা হলো, পথ ফুরিয়ে এলো নতুন কুয়াশায় মাথা
রেখে...

তরুণ-তরুণীরা আবছা দেখা যায় ভোর বেলার মতো সুরে
সুরে,

মাঠ ভরিয়ে দিল তোমাকে তুলে নিল এবার অবসান ডানা মুড়ে...

Verses of December

- Chaitali Chattopadhyay

A juice-pot hangs from the date palm tree, at heart
are you thirsty too, Central Kolkata
knows all about your umbilical bond with the sewer waters.

Soaked in delusion and sweat of many a summer and rain,
you have travelled enough, resting your head against a new mist
the road has come to an end...

A haze of young boys and girls
with their dawn like melodies fills up the fields
and now the curtain call lifts you away with folded wings...

Kabi Sammelan Moulinath Goswami

যেভাবে চালের বস্তা আসে

- ধৃতিরূপা দাস

যে লাশে বিপন্ন পেটটা
ফুলেছে, মটকে ফেরে ঘাড়
কখনো হত্যা নিরুপায়
মাড়িটি, নেই রোগা আফশোস।
ঘটেনি ভ্রমর ঘটবে না।
তালুতে তারার জীবাশ্ম,
নীচে ভাত খাওয়ার সমান ওম
হননে। কিনার ঘেঁষে ডোম
চেটেছে ব্লিচিং ঝাঁঝের দোয়া।
মৃতের মিথুনে থির ডোয়া
কাঁপায়, ঝরঝরিয়ে পড়ি
পতনবিরুদ্ধ-মঞ্জরী।

শ্রাবণ পুঞ্জীভূত শাক
ছাটিয়ে কাদায় নামা যাক—
ভাবে পা। ভাবের হাঁ-এ ডুব
পাখি জল নরম পেরোয় খুব....

অতএব চালের বস্তা আসে
খোয়ারি বমির ভাদ্রমাসে

The Way Rice Sacks Arrive

- Dhritirupa Das

The corpse with a haplessly bloating belly
at times with a snapped neck
or a pair of gums helpless at murder,
harbors no frail remorse.
Nothing savory has ever happened, nor will ever be.
Fossilized stars across the roof of the mouth,
farther down, the warmth of a rice meal
at death. Next to it, the mortician laps up
graces of bleaching powder's acerbity.
Dead man's lovemaking rattles
the mud walls, in a shower I come down –
a fall-resistant sprig.

Let's lop off the clutter of monsoon veggies
and go down in the slush –
the feet contemplate. Lost in their gaping thoughts
birds softly wade through the water...

and so, rice sacks arrive
in the barren months of inebriated vomit.

Ebong Soikatha Moulinath Goswami

হাসপাতাল

- দীপঙ্কর সেন

কোন সংক্রামক ব্যাধির জন্য কর্তৃপক্ষ দায়ী নয়

মগজের তন্তু ছিঁড়ে গেলে
এখানে তার সঠিক চিকিৎসা করা হয়

মানুষ চিনতে না পারলে
চিনিয়ে দেওয়া হয়

প্রেমক্ষতে রক্তক্ষরণ হলে
সারিয়ে দেব
শয্যাক্ষতের উপশম হয় না

যে কোন মানসিক দ্বন্দে
চিকিৎসকের সুপরামর্শ নিন
শুধু বেঁচে থাকার জন্য
অযথা বিরক্ত করবেন না

মনে রাখবেন
মানুষের থেকে কোন সংক্রামণ হলে
কর্তৃপক্ষদায়ীথাকবেনা

Hospital
- Dipankar Sen

Authority is not responsible for any contagious disease

Here we offer the right treatment
for snapped brain neurons

If one doesn't recognize a person
we help him to identify

If love-wounds bleed
we will heal
We do not cure blood-sores

For any mental conflict
seek the doctor's good advice
Only needlessly do not bother us
merely to stay alive

Remember
for any infection contracted from humans
Authority will not be responsible

Guhalipi Moulinath Goswami

টান

- এলা বসু

সংসার ছোটই হয়।
ধরা যাক
মা এবং ছেলে
যদিও ভেঙে গেলে
সংসার অনেক বড়ো
তখন
মা আর তার
এক থালা ভাত আগলে রাখা
আকাশপ্রমাণ শূন্যতা....

Affection

- Ela Bose

Family is often considered a unit
Let us presume it has
a mother and a son
though when the unit falls to pieces
the family grows bigger
What remains then
is
mother and her
plateful of rice- a hollow feast.

Kabi Sammelan Amanita Sen

ছাদ থেকে যতটুকু প্রদেশ দেখা যায়

- হরিৎ বন্দ্যোপাধ্যায়

ছাদ থেকে যতটুকু প্রদেশ দেখা যায়
তার থেকেও কোনো গভীরতর প্রদেশে
আমাদের সকালের যাবতীয় আলো মজুত

আমরা জানলার গর্ত দিয়ে একটি বায়োস্কোপ দেখছি
যেখানে নায়ক একাই একটা ফুটবল নিয়ে
সারা মাঠ জুড়ে কোমর নাচিয়ে বেড়োচ্ছে

কে যেন আলোর কথা বললো আর
সঙ্গে সঙ্গে ফুটবলের বেলুন চুপসে গিয়ে নায়ক
গোলপোস্টের নীচে এসে দাঁড়ালো

কালবৈশাখীকে যেন বলা ছিল
টিনের চাল উড়ে যাওয়ার মতো একে একে
উড়ে গেল নায়কের ছালচামড়া আর চোখের লাল রং

জানলা থাকুক, বায়োস্কোপ থাকুক,
মাঠ থাকুক, নায়ক থাকুক, কোমর নাচানো থাকুক
শুধুমাত্র জল খাওয়ার না চান করার না ডুবে মরার
সেটা নিজেরাই ঠিক করে নিক

Whatever Terrain is Visible from the Terrace

- Harit Bandyopadhyay

Whatever terrain is visible from the terrace
there lies stored in some deeper province
the entire radiance of our mornings

We're watching a bioscope through the window
where the hero alone is shaking his hips
all over the field with a football

Someone spoke about light, and
right then the football balloon sang small
and the hero took position under the goal post

As if the Norwester was instructed
like tinned roofs flying one by one
the hero's skin, the red of his eye went spinning in air

Let windows remain, may bioscopes exist,
let the field, the hero, the shaking of hips be
Only, whether water is for drinking, bathing or drowning
let themselves decide

Kledoj Kusum Moulinath Goswami

মহেঞ্জোদরো
- হিন্দোল ভট্টাচার্য

এত জবাবদিহি করতে আমি আসিনি এখানে ধর্মাবতার,পুরোনো কলকাতার রাজবাড়ির মতো একা হয়ে গেছে আমাদের ভালোবাসা। বৃষ্টি পড়লে ভয় করে। এই বুঝি খসে পড়ল কবেকার দেওয়াল। ভালোবাসার ঘরের ভিতর এনে রাখতে হয় প্লাস্টিকের বালতি। ছাত থেকে বিন্দুবিন্দু জল পড়ে।যেন স্যালাইন চলছে। এই আশ্চর্য মহাজগতে কোথা থেকে টেলিফোন বাজে বুঝিনা। জানলা খোলা রেখেও যে জ্যোৎস্নার রহস্য বুঝতে পারেনা, আমি তার দলে।

একটি ইংরেজ আমলের ঘড়ি আমাদের ঘরের ভিতর বেজে যায়। যেন পার্কস্ট্রিটের কবরখানা। আমি তোমাকে রামপ্রসাদ শুনিয়েছিলাম একদিন। নদীর জল থেকে উঠে আসছিল এক পোড়া বাঙালির দেহ। অল্পঅল্প ধোঁয়া তখনও গায়ে লেগে আছে। চোখদুটো বিস্ফারিত। মারাঠা দস্যুদের ভয়ে যেন তিরতির করে কাঁপছে সদ্য জন্ম নেওয়া ধানগাছের চারা। কতদিন বৃষ্টি হয়নি বলো। কতদিন একহাঁটু জলের মধ্যে মাথা ডুবিয়ে আমরাও গান গাইনি আকাশের!

আমরা কোথাও যাবনা আর। এই শহর মরে গেছে। পচা দুর্গন্ধ বেরোচ্ছে এর শরীর থেকে। লাল নীল হলুদ আলোয় ভরে গেছে সর্বাঙ্গ। একবুক উল্লাসের ভিতর পঙ্গপালের মতো ছুটে যাওয়াটাই জীবন নয়। জীবন নয় সারিবদ্ধভাবে এঁটুলেপোকার মতো মৃত্যুর কাছে যাওয়া। তুমি এত উপাসনার কথা আমাদের বলতে পারনা। এত বুদ্ধ নও রাস্তা, এত নির্জন নও এত ময়ূর নও এত কথামৃত নও তুমি।

একবুক সত্যি কথা কবে বলতে পারব আর জানিনা, আমরা ঘাসের উপর দিয়ে হাঁটতে হাঁটতে পেরিয়ে এসেছি শিশিরভেজা হেমন্তের ভোরবেলাগুলো। এখন থমথম করে জীবনানন্দের কুয়াশা। কে যেন একটি কবরখানার মধ্যে কবিতাপাঠের আয়োজন করেছে।

Mohenjodaro

- Hindol Bhattacharya

I am not here to prove my accountability, My Lord, our love has become forlorn, like the old mansions of Kolkata. I feel scared when it rains. I fear the walls might collapse at any moment. We have to place plastic buckets inside the room of love. The water drips from the rooftop drop by drop like a running saline drip. Somewhere in this vast universe a phone keeps ringing. I belong to the clan of people who cannot comprehend the mystery of the moonlight even with the windows open.

A clock from colonial times keeps ticking, like the one inside the Park Street cemetery. Once I sang to you the songs of *Ramprasad*. A burnt corpse of a Bengali man rose up from the river, wisps of smoke still lingering on the body. His eyes were wide open. Nascent rice-saplings shivered as if in fear of Maratha bandits. Hasn't it been rainless for many days! How many days we haven't sat in the knee-deep water singing the song of the sky!

We will not be going anywhere again. This city has expired. A stench of decay emanates from its body. Red, blue and yellow lights glow like open sores on its cadaver. Life is not about swarming into joyous celebrations like a cloud of locusts.
Life is not about marching towards death like a row of ticks. You cannot talk about praying all the time. It is not always the Buddha-way for you, you are not a solitary being, not quite like a vibrant peacock, not sacred like *Kathamrito*.

Not sure if I can ever pour my heart out, we have walked long on the grass-bed leaving the dew-laden autumn mornings far behind us. The *yellow fog* hangs in suspended gloom. Someone is hosting a poetry reading inside the cemetery.

Guhalipi Amanita Sen

*Yellow fog- In the poems of Jibanananda Das fog serves as a potent symbol for existential ambiguity, uncertainty, and the search for meaning.

পারিবারিক

- জয়িতা ভট্টাচার্য

যেতে যেতে ফিরে আসি
যেখানে রবীন্দ্রনাথ।

আমার মা প্রশান্তমহাসাগর, তেমন তেমন বিরক্ত হলে
দাবানল দেখেছি রান্নাঘরে।

মা এবং বাবা দুজনে মিলে ছুটির দিনে মাটিতে চারা পুঁতে দিত।
তখন বাগানে কত ফুল,
লেবু গাছের তলায় শঙ্খ লাগা সাপ।
আমাদের বাড়ি সেই সময় এসেছিলেন রবীন্দ্রনাথ।
আমি চিনতে পারিনি।
একবার আমাদের তোরঙ্গে রাখা স্বপ্নরা চুরি হয়ে গেল।
একবার হাটে গিয়ে ভাই বেচে এল মাথা
আমার কিছু ছিল না
ঘর নেই দেশ নেই পাড়ায় পাড়ায় পুকুর শুকিয়ে গেল
মাছেরা দম আটকে ঝুলে আছে গাছ থেকে
সেদিনও রবীন্দ্রনাথ আমাদের বাড়িতে।
যেবার নিথর হল দিন
স্তব্ধ হল কেনা-বেচা
আমার বাবা চলে গেলেন অনেক অনেক দূরে,
ওই ভাঙাসাঁকোর ওপর
আমার মা এখন রুগ্ন কুয়াশা,
বাগানের কোণে রেখে আসা তিল আর আতপের ডেলা
এখন তামাটে আলোয় সবাই বসে থাকি একা একা।
কথা হয় রবীন্দ্রনাথের সঙ্গে

Familial

- Jayeeta Bhattacharya

Each time on the verge of leaving
I return to Rabindranath.

My mother was calm like the Pacific Ocean.
On the days she felt annoyed I would see a conflagration in the kitchen

On holidays my parents would sow saplings in the garden
Those days the garden would be abloom,
snakes mated under the lemon tree.
Rabindranath visited us at that time
I failed to recognize him.
Once a casket full of dreams got stolen away.
Once my brother went to the marketplace
and sold his head.

I had nothing of my own
not a house, not a country
water-bodies dried up in many places
fishes choked to death dangling from the trees
Rabindranath was in our house that day.

When the day quietened down
all the worldly exchanges ceased to be
my father went far, far away,
my mother now is a thin fog over that broken footbridge;
a mound of "sunned rice" and "sesame"
at the corner of the garden
in the coppery light we keep sitting all by ourselves.
We talk to Rabindranath.

Kabi Sammelan — Amanita Sen

পট্টি

- ঝিলম ত্রিবেদী

এই অকালবর্ষণের সন্ধ্যাকাল
ওই হাতে রেখেছে শৈলশিরা
তারা দু-জনেই নির্জন স্বজন
দু-জনে অপরূপ তাকাতে শিখছে

খেলনায় জল পড়ে রুমঝুম
অভাবনীয়তায় ভরে ওঠে নীল হুইসল্

এখানে পরগণার মাগিরা ভিড় করে বসে।
বিড়ি খায়, ফুলকি জ্বলে ওঠে।
বৃষ্টির নতমুখ ভিজে যায় চন্ডীদাসের পদে, সুরে

কে রেখেছে বিছিয়ে শরীর!

পচন ধরেছে স্তনে, যোনিতেও পুঁজের মতন রাত
আসে
বন্যায় ভেঙে যায় দিকহারা ঠোঁট

বসে থাকে নিদ্রাতুর ব্যথাতীত তলপেট খুলে
যদি কোনো খরিদ্দার
যদি আসে ত্রস্ত নাভিমূলে

জারজের সামনে এসে উলঙ্গ করবে তার মেয়েছেলেকে
ছিঁড়ে ফেলবে ঈশ্বরের নাড়ি!

দেখো তুমি অবোধ বৃষ্টিতে
দুটি প্রাণী প্রত্নতায় ভাসে
সংসারে দাম নেই, পল্লীতে দুঃখ জ্বেলে রেখে

মা মেয়ে নাতনিরা বসে আছে পুরুষ খাবে বলে !

Colony

- Jhelum Tribedi

The evening of unexpected showers
That palm holds the rapture of the ridges
Both of them kins in solitude
Both have learnt to cast wondrous glances

Raindrops tinkle on the toys
The blue whistle brims up with the unimaginable

Here flock the country molls
Smoke beedis, cinders flare up,
The downcast face of the rains drenches
with tunes and verses of Chandidas!

Who has dared to lay bare the body!

Breasts rot, pus-stained nights descend
upon the vagina
wayward lips crumble at the deluge

Scrunching sleepily, they keep bare their pain-surpassed lower body
If any customer
plied in to their harried belly-buttons

She would strip naked her damsel before the bastard
Sever God's umbilical cord!

See, how in the ingenuous rains
the two keep drifting into antiquity
worthless in their domesticity, keeping the light
of misery burning in the colony

a mother, daughter and granddaughters
remain seated together to feast on men.

Guhalipi Amitava Sen

গান্ধার

- জয়িতা বসাক

একটা বৃত্তের ভেতর যেভাবে আটকে থাকে
একটা দেশের পরিধি, ব্যাস আর জ্যামিতিক ক্ষেত্র,
সেভাবেই, একটা বন্দুকের সমান্তরাল নলে আটকে
শৈশব থেকে বার্ধক্যের অজস্র মান, স্পর্শক আর রেখা

ভোর ফোটার আগেই আকাশ থেকে খসে পড়ে আলো,
সুগন্ধি ফুলের সারা গায়ে গজিয়ে ওঠে বারুদের অক্ষর
বাতাসের ভিজে ঠোঁটে আলকাতরার রক্তাক্ত অন্ধকার

মা গান্ধারী, আর একবার চোখের কাপড় নামিয়ে দেখো-
উর্বর হবার আগেই পাণ্ডুর হয়ে গেল তোমার কোমল গান্ধার...

Gandhaar

- Joyita Basak

The way a country's span, diameter and geometric bounds
lie confined within a circle,
the many values, tangents and lines from infancy to senescence
too, lie stuck to the parallel barrels of a gun

Light slips from sky even before daybreak,
syllables of gunpowder appear on fragrant flowers
Gory murk of tar on the wet lips of breeze

Mother Gandhaari, drop your blindfold once more and see –
your gentle Gandhaar has gone pale, even before becoming fertile...

Kledoj Kusum Amitava Sen

যখন দিনশেষ

- কালীকৃষ্ণ গুহ

তুমিও চেয়েছিলে,
সকল বন্ধন,
নিবিড় অমানিশা,
সহসা ঘুচে যাক।
সূর্যোদয় থেকে,
আসুক মঙ্গল,
আর্ত জীবনের,
বার্তাবাহকের,
শুভ্র মুখরেখা,
আবার দেখা দিক।

তুমিও চেয়েছিলে,
স্খলিত হোক সব,
বজ্রবিদ্যুৎ।
আকাশ স্থিরতায়,
গ্রহণ বর্জনে,
থাকুক নিঃসাড়।
জীবন জুড়ে থাক,
পথের মানুষের,
নম্র অভিমান,
যখন দিনশেষ

When it's Day-end

- Kalikrishna Guha

You too wished,
every bond,
every deep darkness,
would be dispelled in a wink.
From the sunrise,
fortune would shower upon
the distressed lives,
the messenger's face
brightened up,
yet again.

You too wished
lightning and thunder
would lash out
the sky in all certainty
in both acceptance and denial
stayed still.
Let life be filled with
humble pride
for each wayfarer,
when it is day-end.

Kabi Sammelan Amanita Sen

বর্ষামাস

- কনিষ্ক দেওঘরিয়া

আষাঢ়মাস এলে আমরা পেরিয়ে যেতে পারি দুঃখের দরজাগুলো
গরুগুলোর জন্য মা তুলে রাখে ফ্যান
ফ্যান খায় আমাদের গরুগুলো এবং আমরাও শরীরময়
ক্ষুধার নাচনকোদন বর্ষামাসে
তিনমাস ধরে উদ্‌যাপন করি চাষবাস
কাদাক্ষেতে ডুবে যায় আমাদের পাগুলো
বহুদিন ধরে বসবাস করছি বর্ষায়
হাঁটছি পেট বরাবর খাদ্যের দিকে

বহুদিন পর বৃষ্টি হয়েছে
এবার আমরা মিলে মিশে যাব খামার বাড়িতে
সোনালি ধানে উজ্জ্বল হবে একাধিক জীবন।

Monsoon

- Kanishka Deogharia

In the month of *Ashadh*, we can open
the closed doors of our sorrows.
Mother saves some rice starch for the cows.
The cows along with us live on rice starch.
Hunger prances inside our bodies
during the monsoons.
For three months we celebrate farming.
Our feet go deep inside the muddy fields.
We live monsoons for eons
walking towards a bellyful of food.

It has rained after a long time.
We will go to the granary together.
The golden paddy will light up many lives.

Kabi Sammelan Amanita Sen

চলে যাওয়াই ভালো

- মনীশ সিংহরায়

না, আমি আর কিছু বলব না,

এ পৃথিবীর জীবনযাপন আর মানুষের কথায়
বড় বেশি দূষিত ধুলো উড়ছে,

এহেন দুষিত ধুলোর গন্ধ আমার সহ্য হয়না।

তার চেয়ে আমার চলে যাওয়া ভালো
পৃথিবীর ধুলোর গন্ধে ভরা মানুষের থেকে
নিরাপদ দূরত্বে পাহাড়ঘেরা খারদুংশেলায়
কিম্বা নদী ও বৃক্ষময় ভাগ্যবতীপুর।

যা আছে অন্য এক পৃথিবীতে
সহস্র আলোকবর্ষ দূরে।

Better to Leave

- Manish Sinha Roy

No, I would not speak a word,

In this worldly existence and people's words
there are too many specks of impurity hovering around

I cannot bear the smell of the toxic air.

Maybe it would be better to leave,
to go far away from the people stinking of dust
to the safely distant *Khardungshela*
guarded by the hills
or to the rivers and woody lands
of *Bhagyabatipur*,

placed in a different world
a thousand light years away.

Shouti Amanita Sen

অনুপ্রবেশ

- মাসুদ খান

তখনই সফল হয় চৌর্যকৃত
যখন চোর ও গৃহস্থের মধ্যে গড়ে ওঠে সে এক নিবিড় নৈশ-আত্মীয়তা।

জলকাদা মাড়িয়ে, প্রচুর কাঁটাগুল্ম পার হয়ে
গৃহস্থের উঠান পর্যন্ত এসে পৌঁছেছে তস্কর।
সারা গায়ে তার স্পষ্ট বিছুটিপাতার অটোগ্রাফ
তবু খেঁকি কুকুরের মোক্ষম ফতোয়া শুনে আপাতত চুপ হয়ে আছে চোর।

এইভাবেই, সারমেয়র সশব্দ অনুশাসন বলে
চোরের অনুপ্রবেশ হয়ে ওঠে জটিল ও সুযোগসাপেক্ষ।

গৃহকর্তা ঘুমে, নিষ্ঠ তস্কর একাগ্র তপস্যায় -
কিভাবে যে গড়বে সেই উড়াল আত্মীয়সেতু , গৃহস্থে - তস্করে !

কুকুর, গৃহমালিক ও চোরের এই ধ্রুব সম্পর্ক ত্রিভুজ...
ডাহা আধ্যাত্মিক।

Infiltration

- Masud Khan

Theft succeeds only when a thick murky kinship
brews between the thief and the householder.

Trampling through the slush, past thorny creepers
the thief arrives at the owner's yard. His body
rife with distinct autographs of stinging nettles, yet for now
the thief stays silent at the unfailing ultimatum of the street curs.

This is how at the noisy dictum of the dogs
the thief's infiltration turns complex and fortuitous.

The house owner in sleep, the diligent thief in deep contemplation –
how would the bonding bridge shape up
between the thief and the householder!
This constant relation triangle

between the dog, householder, and the thief...
starkly spiritual.

Bandhabnagar Moulinath Goswami

বারাণসী ১১

- মৌলীনাথ গোস্বামী

এ গল্পের তিলকমাটিতে জন্ম নয় আমার
আমার অথবা আমার মায়ের কিংবা বাবার...
তবু এ শহর
কী করে আমার পাঁচালির পরিচ্ছেদের ভেতর ঢুকে পড়ে
কে জানে কেমন করে
আমার কাহিনী আর তার গল্প অবিচ্ছেদ্য হয়ে যাই...

অথচ সে রোজ বসে থাকে
সিক্ত সিঁড়ির মাথায় বেতের ছাতার নিচে হাতপাখা নিয়ে
পৃথিবীর প্রপিতামহের ধূসর জনমপত্রি ছায়ার মাদুরে বিছিয়ে...
আমি রোজ বসে থাকি দূরে... আমার বিবরে
নিরুত্তাপ শীততাপ নিয়ন্ত্রণরেখায়...

প্রবাহিনী গঙ্গার মতন স্থির নির্লিপ্তি তার...
আমার গড়পড়তা গল্পের আনাচেকানাচে অস্থিরতার
যথেচ্ছ যতিচিহ্নের ছেদ শুধু ছেদ -
অশান্ত কামনার অতৃপ্ত বাসনার

অর্গলহীন বুদবুদের সমস্ত অসহিষ্ণুতা
প্রশমিত করে দেয়
এ শহর, অনন্ত কথকতার আর তার
মেদুর বিভূতি - উড়ে আসা সন্ন্যাসী ছাই, পূর্বাই

আমার পূর্বাশ্রম, কট্টর গার্হস্থ্য গল্পের অভ্যন্তর
উলটেপালটে দেয় এই সেই অলীক শহর
গায়ে তার কবীরের চরখা চাদর
হনুমান চল্লিশা পড়ে গোস্বামী...
আমার কাহিনী আমি
পুণ্যতোয়া নতুন প্রবাহে সাজাই
বিসমিল্লাহ করি, ললিতে সানাই
ভেসে যায় ছয় তলা সাধের অ্যাপার্টমেন্ট
ধুয়ে যায় আমার বাবার কেনা আহ্লাদের গল্পের প্লট...
কারও স্বপ্নের চিতা জ্বলে, মণিকর্নিকা হাসে
দশাশ্বমেধ... সন্ধ্যারতির শিখা হাতে ক্ষতয় হাত বোলায়

আমার বৃত্তান্ত আর এই শহরের আখ্যান
কাকভোরে জেগে উঠে
তিলকমাটির যোগীচিহ্ন আঁকে কপালের অনাদি বজরায়....

Varanasi 11

- Moulinath Goswami

I wasn't born from the sacred soil of this story
Not me, not my mother, nor my father...
Yet this city somehow
seeps into the chapters of my saga
No one knows how
we become inseparable – my story and the city's narrative

But it sits daily
with a hand fan atop the wet stairs under a cane umbrella
spreading the hoary lineal chart of the world's ancestors
on the shade of a mat...
I sit at a distance each day... in my pit
under controlled aerified indifference...

It flows with firm detachment of the Ganges...
while every fold of my average
story
is only dotted with rampant intersections -
of untamed cravings, ungratified desires

This city, of eternal eloquence and its
mellow *bibhuti* - the drifting sanyasi ashes, the eastern breeze
allays
all unrest of unbarred bubbles

Wrapped in homilies of Kabir
this empyrean city muddles
my earlier life, and the core of a staunch domestic tale,

A Goswami reads the Hanuman Challisa...
I arrange my story
along a renewed auspicious course
invoke the beginning with '*Bismillah*' to a flute's melody
My fancy six-floor apartment gets swept away
My father's fancied plot of a story washes away...
Someone's pyre burns, *Manikarnika* grins
Holding the flames of evening worship
Dasashwamedh... caresses the wounds

My chronicle and the narrative of this city
wakes up at dawn
drawing yogi-mark with holy earth on the forehead's timeless barge...

Bandhabnagar Moulinath Goswami

থু

- মৃণালকান্তি দাস

তুমি সব দ্যাখো আড়চোখে,
জানো কার ভুল, কে যে ঠিক!
তুমি কখনও কাটোনা
রা।

জানি, নেহাত কাঁদলে শোকে,
হাততালি দেবে দর্শক,
তবু বাঁচানো যাবে তো
গা!

তুমি তলেতলে খচ্চর,
তুমি সাজ ও পোশাকে সাধু
মুখে কখনও বলোনা
কু।

তুমি থাকো সারা বচ্ছর,
তুমি বাঘ ও হরিণে আছো,
ওই মিথ্যের মুখে
থু!

Fie

- Mrinal Kanti Das

You keep leering on the sly
You know right from the wrong
but not a word
you let slip.

I know if one cries out in grief
the people would applaud,
but can one
save their skin!

Deep down you are a rascal,
in the garb of a monk,
but you never
blurt out slang.

You show up round the year
get the best of both worlds,
to your facade of lies,
fie!

Kledoj-Kusum Amanita Sen

বিশ্ব সংবাদ সংস্থা

- পলাশ দে

যে কেউ এসে ঢেউ বলবে
আর তুমি বালি খুঁজবে ঝাউ ঝাউবন!
যে কেউ যাবে বেড়াতে আর তুমি
জেরক্স করবে সমগ্র মগ্নতা?

এ কী ধরনের ভেসে যাওয়া
কেমন কেমন হাওয়া

ওটা হাততালির শব্দ... হাত বোমা নয়
যোনি নিজে নিজেই ফেটে চৌচির...
কোন ধর্ষণ টর্শন হয়নি

শরীরের ভেতরে বাইরে যে হাজার রকমের দাগ
বোঝা না, মানচিত্র কাকে বলে?

World News Agency

- Palash Dey

Anybody would come looking for a wave
and you would start sifting sand
through tamarisks and tamarisk forests!
Anyone would go on vacation and you would be
photocopying his entire abstraction?

What kind of a drift is this
What sort of breeze

That is the sound of clapping... not of a hand bomb
The vagina has burst into smithereens on its own...
No rape has happened

All these different scars outside and inside the body
don't you understand, what a map is?

Ebong Soikatha Moulinath Goswami

পালিয়ে যাও, পালিয়ে যেতে থাকো

- প্রবাল কুমার বসু

তুমি পালিয়ে যাও, পালিয়ে যেতে থাকো
ডানদিকের গলি দিয়ে, বন্ধ কারখানার ভিতর দিয়ে
শ্যাওলা জমা কলতলার পাশ দিয়ে
সদ্য ভেঙে ফেলা পুরোনো বাড়ির বিলীয়মান ছায়ার উপর দিয়ে
রেল লাইন ধরে, রেল গেট ডিঙিয়ে, ফ্লাইওভার পার হয়ে
আধবোজা পুকুর পার দিয়ে, কুয়াশা মাখা ভোর দিয়ে
জ্যোৎস্নাবলোকিত অন্তহীন মাঠের মধ্যে দিয়ে
বর্ডার বরাবর, বর্ডার পার করে, একটা দেশ থেকে
অন্য একটা দেশকে টপকে
তুমি পালিয়ে যাও, পালিয়ে যেতে থাকো
আগুপিছু না ভেবেই পালাতে থাকো
যেন কেউ তোমার পিছু নিয়েছে
যেন এখনই তোমায় কোথাও পৌঁছে যেতে হবে
অপস্রিয়মাণ বিকেলের সঙ্গে সঙ্গে, এই অবস্থান থেকে
সমস্ত চেনা পরিধি থেকে, যাতে শেষমেষ তোমার ছায়াও
ক্লান্ত হতে হতে পিছিয়ে পড়ে
তোমাকে অনুসরণ করার মতো কেউ আর না থাকে

Flee, Keep Running

- Prabal Kumar Basu

Flee, keep running
through the lane on the right, through shut-down factories,
past mossy community faucets,
over the fading shadows of dismantled houses,
along railway tracks, across rail-gates, past flyovers,
half-filled ponds, through misty dawns,
and through sprawling moonlit fields
along the border, past the border, crossing over
from one country to the other,
flee, keep running
Without sparing a thought, flee
as if you are being chased
as if you have a destination to reach right now,
together with the fading dusk, from your own place,
from the entire familiar milieu, so that in the fag end
even your shadow falls behind, tired
and there is no one left to follow you.

Guhalipi Amanita Sen

বৃষ্টি নামার আগে
- প্রিয়াঞ্জলি দেবনাথ

১

এইমাত্র জ্যোৎস্নালোকিত ঘরে আমাদের ছায়া পড়ে ছিল। জানালার নিজস্ব প্রতীক। আমি সমস্ত আলো নিভিয়ে দিয়েছি। এইমাত্র প্রেতজন্ম ছেড়ে আমি উঠে এসেছি মায়ালোকিত এই পৃথিবীতে। তোমাকে মায়া দেব বলে উঠে এসেছি জন্মান্তর ভেদ করে। অথচ আমার নিজস্ব কোনো ভূমিকা নেই। নেই একটা গোটা পৃথিবী। স্নেহের পরশ বুলিয়ে ভিজিয়ে দেব এ বাংলার বুক, এমন কোনো বৃষ্টি নেই আমার ... অথচ তুমি বৃষ্টি চেয়েছিলে একদিন ...

২

এইমাত্র বৃষ্টি নামবে বলে সমস্ত জানালা দরজা খুলে দিয়েছি হাট। পর্দা সরিয়ে নিভিয়ে দিয়েছি জ্যোৎস্নাসমূহ। দূরে – আকাশের গর্জন... বেদনার এসরাজ...টুংটাং... ঝমঝম.... পৃথিবীর বুকে আজ বৃষ্টি নামবে বলে আমি আঁচল পেতে দিয়েছি। বিছিয়ে দিয়েছি ঘরের মেঝে। জানালার নীচে বাঁশবন ছুঁয়ে দেখো পুকুর নেমে গেছে। উড়ে গেছে বাসা ভাঙ্গা চাতকের দল। জানালার পাশে একা আমি ... তুমি বলেছিলে, ঘরে ফিরে আয়... এখন বৃষ্টি নেমেছে ঝেঁপে।

Before The Rain Came Pouring

- Priyanjali Debnath

1

Just now our shadows had appeared in this moon-kissed room. A window's own signature. I've put out all the lights. Leaving a ghoulish birth behind I have come to this endearing earth just now. I have forced myself through afterbirth and come up to give you affection. But I don't have any role of my own.Nor an entire earth. I don't have any rain to drench this Bangla's terrain with caresses of love... you had asked for rain one day though...

2

Because it's going to rain right now I've opened all the doors and windows. Drawing the curtains I've put out the entire moonlight. Far away-- the thunder roars... an esraj of pain...strumming...booming... for it will rain today on this earth I've spread my arms in begging. Readied the floor of the house. Outside the window, behold a pond going down past the bamboo thicket. The pied cuckoos have left their broken nests. I am alone by the window... come back home, you had said... now the heavens have started to pour.

Shatanik Moulinath Goswami

বিপজ্জনক

- রামচন্দ্র প্রামাণিক

কোনো দলে নেই!

জয়ধ্বনিতে মেলায়নি গলা। ঠিক?
মঞ্চে ওঠেনি, পেছনেও বসে নেই!
খুঁটিয়ে ভিডিয়ো দেখেই বলছ?

মিছিলে হাঁটেনি।
চোখলাল, চুল উস্কোখুস্কো।
দুপুরে খায়নি, ঘুমোয়নি সারারাত।
কী বলছে লোকে- অভিমান? অনুতাপ?

তোমরা তাহলে কী জন্যে আছো!
বোঝনি লোকটা বিপজ্জনক
গোলমেলে নির্ঘাৎ?

Dangerous

- Ramchandra Pramanik

He did not belong to any coterie!

Never lent his voice to victory cheers.Correct?
Never hit the stage, nor took a backseat!
Did you watch the video closely before saying?

He never walked with the rally.
Eyes red, hair unkempt.
Didn't have lunch, didn't sleep all night.
What are the people saying – Self esteem? Repentance?

What are you here for then!
Didn't you realize the man was dangerous
definitely disturbing?

Guhalipi Amitava Sen

জঙ্গলরুটে ৬

- রামকিশোর ভট্টাচার্য

হরিনাম গাইতে গাইতে চলেছে একদল শরীর। মাথাগুলো গড়িয়ে চলেছে রাজপথের ধার ঘেসে... ছোটছোট পথের মৃতদেহ নিয়ে কেউ কেউ বিপ্লব ওড়াচ্ছে। কোথাও ধানক্ষেত দম নিচ্ছে জাতীয় সড়কমুখী রম্যরচনাদের পাশে। তোমরা মাইল মাইল পিচকালো স্বপ্নরা শুয়ে থাকো। চিৎকার করতে জানো না! সকাল উড়িয়ে বিকেল উড়িয়ে, আঞ্চলিক রাত্রিদের চ্যানেল পোষা মাশুলদের জমিয়ে রাখো বুকে। জিভগুলো ঘা খেতে খেতে বদলে ফেলছে আকার। এখন সামান্য সুদেই জিভ ধার নেওয়া যায়। সুদ জমা হয় চন্দ্রবিন্দুর ঘরে। আঁচলে পোষা থাকে কয়েক ডজন ছুতো। সেসব নিয়ে কারও মাথা ব্যথা নেই! কেউ বোঝেনা কিভাবে বদলে যায় ভোরের ভূগোল! সময় পেরিয়ে ক্ষমতারা সামনে দাঁড়ায়। আহা কী তাদের চমক! গুজব খেতে খেতে ক্লান্তি এসে যায়। শুধু চোখবন্ধ দরোজাদের পাশে বশ্যতা বসে থাকে। আর থাকে প্রতিশ্রুতির ভাইবোন মাসতুতো পিসতুতো দাদাদিদিরা... একটুও ভূমিকা থাকে না, শুধু ধান্দা পেলেই বাঁচে...

Along the Jungle Route 6

- Ramkishore Bhattacharya

A cluster of bodies, their heads rolling along the edges of the highway, advancing, chanting the name of god... some are flaunting revolution with the corpses of short roads! Somewhere paddy fields sit by the highway bound belles-lettres to catch their breaths. Your mile-long pitch-dark dreams keep lying. You don't know how to shout! You waste your mornings, your evenings and stash the tariffs of pet channels of regional nights in your heart. The tongues are changing shape from taking continuous battering. Nowadays a tongue can be borrowed against a paltry interest. It keeps accruing in thin air. Sleeves harbor a dozen pretexts. No one is bothered with all these. Nobody comprehends how the geography of dawn changes! Powers emerge over time. Oh, how they dazzle! One wears down from continuous feeding on rumours. Only servitude remains to sit by the closed-eyed door. And brothers, sisters, cousins of promises remain... living off, without any preface, only on vested interests...

Abagunthan Amitava Sen

নদীতীরের কবিতা

- রণজিৎ দাশ

শুধু নদীর পাড়ে বসে
দুপুর বিকেল সারাটা দিন
অবিরাম জলের প্রবাহ দেখতে ভালো লাগে

অন্য কিছু – সময় জীবন দিগন্ত ও বিষন্নতার মহামিছিল
আর ভালোই লাগে না

শুধু একটা নদীর পাড়ে
একটা ঝুঁকে–পড়া অশ্বত্থ গাছের গুঁড়িতে হেলান দিয়ে,
তার সাপের আলিঙ্গনের মত জটিল শিকড়ে বসে
নদীস্রোতের বিশাল নীরব সাগরযাত্রা
দেখতে ভালো লাগে

সারাটা দিন গাছটা জুড়ে
পাখপাখালি ও কাঠবিড়ালীদের গভীর চঞ্চলতা
সারাটা দিন ফেরিঘাটের জেটি থেকে
উদোম কালো বালকদের জলে ঝাঁপানোর খেলা

দেখে দেখে আমি মুগ্ধ
আমি আরও উদাস, একেলা

নদীর পাড়ে বসে থাকি সারাটা দিন -
কাছেই তো বিদায়ের বেলা

Verses by the Riverbank

- Ranajit Das

It feels good
to simply sit by the riverbank
all day, and watch the ceaseless flow of water

Anything else –time, life, horizon, rally of grief
does not please anymore

It feels good
to lean on the trunk of a drooping banyan tree
sit on its serpentine tangled roots
by the riverbank
and watch the river rush silently towards the ocean

Gazing all day at the intense scurrying
of birds and squirrels all over the tree
at the day-long antics of dark naked boys
diving from the ferry-ghat jetty

I feel fascinated
I become more listless, lonely

I keep sitting by the riverbank all day –
The final hour is only too near

Kabi Sammelan Moulinath Goswami

কথাকাহন

- রত্নদীপা দে ঘোষ

শ্রেষ্ঠ বিশ্রাম কে?
একার বিছানায় একার সঙ্গে নিজের যে ঘুম

শ্রেষ্ঠ বাসনা?
মুকুলিত কাশ আহির বাতাস যেন প্রতিবেশী হয় আমার।

শ্রেষ্ঠ পাখি?
যে পাখি কপর্দকশূন্য, বুঁদ হয়ে আছি তাঁরই খাঁচায়

শ্রেষ্ঠ স্বপ্ন?
অন্তিম কাব্যগ্রন্থের নাম সঙ্গীত-সমগ্র।

শ্রেষ্ঠ তৃষ্ণা?
দুকূল ভাসানো খড়কুটোর সামিয়ানা।

শ্রেষ্ঠ নাবিক?
সমুদ্রঝড় যার জ্বরের শোভা।

শ্রেষ্ঠ ভ্রম?
সকল দূরই মহাদূর, দূরত্ব কখনও ঘোচার নয়।

শ্রেষ্ঠ সত্যি?
কোনও কোনও দূর নয় দূর , করুণাঘনর চাইতেও কাছে।

Discourses

- Ratnadipa De Ghosh

Who is the greatest repose?
My own slumber, lying alone in bed with myself

The greatest desire?
May blooming catkins, the shepherd breeze be my neighbors.

The greatest bird?
One that is penniless, besotted I am to whose cage

The greatest dream?
The last book of my poems is titled Anthology of Songs.

The greatest thirst?
An awning of flood swept twigs and straws.

The greatest oarsman?
The grandeur of whose fever is an ocean storm.

The greatest delusion?
Every distance is too long, distances are never overcome.

The greatest truth?
Some distances are not that far, even closer than to God.

এই তো সময় রসাতলে যাওয়ার

- সৈকতঘোষ

অন্ধকারের ভিতর আদতেই যে অন্ধকার সেখানেই খুলে যায় দৃশ্যের যাবতীয় পোশাক। মুখোমুখি ধূসর স্বীকারোক্তি, উত্তরণ জোয়ার ভাঁটার। এ অমোঘ খেলায় পালটে পালটে যায় উত্তেজক। শূন্যের স্মৃতিতে দাঁড়িয়ে এখন শুধু বিস্ময়-অভ্যেস, এখন শুধু দম্ভের কথা বলা। খুব কি নতুন কথা তবে, খুব কি প্রতিকূল ভুলের কনিয়াক। সেলসিয়াস বাড়ে। এ সবই মিথ্যের গরিমা, বিচিত্র কৃষ্ণসার। শুধু রক্ত লেখা হয়, ওষুধের দামে ভিজে ওঠে প্রাচীন ম্যারাথন।

এই তো সময় প্রিয় রসাতলে যাওয়ার, এই তো সময় মৃত্যু প্রজনন। প্রতিহিংসার গন্ধ মেখে প্রতিবাদ গুঁড়িয়ে দিচ্ছে অক্ষর। সুখী পরমাণু, অসহায় খেলনা মানুষ।

It's Time to Hit The Abyss

- Saikat Ghosh

Every garb of a scene is unveiled in the actual darkness within the dark. Grey confessions sit face-to-face, ebb and flow surges. The stimulant keeps changing in this infallible game. Standing in a memory void, it's a time of wonder-routines and words of pride. Is it truly something new, or merely the bitter cognac of mistake? Celcius soars. All this is the grandeur of falsity, weird and dark. Only blood gets scripted, the ancient marathon soaks at the cost of medicines.

It's time dear to hit the abyss, it's time to breed death. Reeking of vengeance, syllables
are razing protests to the ground. The atoms are happy, humanity – hapless toys.

Kabi Sammelan Amitava Sen

মাতৃদিবসের পরের দিনের কবিতা

- শতদল মিত্র

মায়ের জন্মদিন জানি না
আর আমি দিন ছাপিয়ে বড় হয়ে উঠলে
মায়ের মৃত্যুদিনও মুছে ফেলি
তারাখসা আলোয় রাত্রিরা জাগে
দেশহীনতার চৌকাঠে আমার মাথা ঠুকে যায়
রক্তের নোনাখাতে অস্ফুট স্রোত,
--আহা! বালাই ষাট!

মাটির কোলে আটপৌরে নদী, মা!

A Poem after Mothers' Day

- Satadal Mitra

I know not my mother's birthday
and as I outgrow the days with age
I even wipe out the day of her passing away
Nights stay awake by the light of the falling stars
My head collides with the threshold of statelessness
A babbling surge in the salty blood stream,
– Oh dear! God bless

There, cradled in the earth's lap, an ordinary river –
Mother!

Louis Pa Moulinath Goswami

ব্রিজটা ভাঙা হচ্ছে

- সৌম্যজিৎ আচার্য

ব্রিজটা ভাঙা হচ্ছে
যে যার মতো এক-একটা টুকরো
নিয়ে যাচ্ছে ঘরে
কেউ নিচ্ছে রেলিংয়ের হাতল
কেউ বা থামের অংশ

একজনকে দেখলাম গায়ে ভীষণ জোর
ব্রিজের প্রায় গোটা রেললাইন
পিঠে তুলে নিয়ে গেল
নিজস্ব ছাদে

নদীতে জল নেই
ব্রিজটা তাই ভাঙা হচ্ছে দ্রুত
আমরা সবাই এক-একটা টুকরো
নিয়ে যাচ্ছি ঘরে,
বারান্দায়
এই আশায়, এসব একদিন জুড়ে
আমরা একটা নতুন শহরে যাব

যে শহরে বাড়ি নেই, পথ নেই
শুধু নদীরাই বইছে বারোমাস

The Bridge is being Taken Down
- Saumyaajit Achharya

The bridge is being taken down
People are randomly taking
the broken pieces home
Some are taking the guardrail tops with them
Others - the balusters

I found a man with iron shoulders
hauling the bridge's entire railway track
on his back
up to his own terrace

The river has dried up
and so the bridge is being torn down faster
We all are taking the pieces
to our homes,
verandas
hoping that one day,
by piecing them back together
we will head to a new city

A city that has no houses, no roads
where only rivers flow all year round

Kabi Sammelan Moulinath Goswami

বসন্তদিন
- সৈয়দ হাসমত জালাল

আমি যা কিছুই লিখি, সে তো প্রেম
মৃত্যু অথবা যুদ্ধ, বৃষ্টি অথবা আগুনের কথা
কুহুস্বর, পলাশের শিখা অথবা রাশিরাশি ঝরাপাতাদের গান
তাদের শিরায় শিরায় আমারই রক্তের গুঞ্জন
এ ক্ষুদ্র মানবজন্মের সুদীর্ঘ ইতিহাস
হেরে যেতে যেতে ঘুরে দাঁড়াবার জয়
কলেজ ক্যান্টিনে সেই যে সমবেত উই শ্যাল ওভারকাম
আর সন্ধ্যায় তানপুরা হাতে রিকশায় বাড়ি ফেরা
মেয়েটির হাতে গুঁজে দেওয়া চিঠি
ভোরের কুয়াশার নিচে পড়ে থাকা বন্ধুর রক্তাক্ত লাশ
দূরের মফস্বল থেকে থেকে হিল্লি-দিল্লি হয়ে এই
আজকের ভাঙাচোরা কলকাতা
তরুণ পাঁজরের দীর্ঘশ্বাস, চাপা কান্নার গোঙানি, বোবাযুদ্ধ
লিখে রাখি হাড়ের কলম দিয়ে, মুঠোভরা ভস্ম আর
সোনার অক্ষরগুলি

লিখি এই বসন্তদিন, গূঢ় হাহাকার, ভিখারি শিশুর মতো
ধ্বংসস্তূপে বেড়ে ওঠা সবুজ চারাগাছটির কথা

Days of Spring
- Sayed Hasmat Jalal

Whatever I write, it's all about love
death or war, about rain or fire
cuckoo's call, flaming *palash* or songs of copious falling leaves
In their veins and arteries, the murmur of my blood
the lengthy history of this tiny human birth
the victory of fighting back from defeat
Those chorus days of We Shall Overcome in the college canteen
and in the evening tucking a letter in the hands of a girl
returning home on a rickshaw, holding *tanpura*
A friend's bloodied corpse under the morning mist
From a remote mofussil to present creaking Kolkata
via many stopovers
the sigh of youthful ribs, groan of muffled cries, silent battle
I write all this with the pen of a bone, fistful of ashes, and
gilded syllables

I write this springtime, acute lamentation, story of the green sapling
growing up amidst the debris like a destitute child

Kledoj Kusum Amitava Sen

মানুষ এখন মরতে ভুলে গেছে

- শ্যামলকান্তি দাশ

মানুষ খুব একাকী- তা তো নয়
মানুষ খুব দুঃখী- তা তো নয়
মানুষ খুব সেয়ানা- তা তো নয়

এ কথা ঠিক, মানুষ এখন পাগল সেজে থাকে
বনের ধারে গুল্মে ঢাকাবাড়ি
আঁজলা ভরে জল খাচ্ছে ডোবার
খোসাসুদ্ধ ফল খাচ্ছে গাছের
ফল না ওটা, ফল না ওটা- বিষ
পেট না ভরুক, পিঠ ছড়ছে কাঁটায়

একথা ঠিক, মানুষ এখন মানুষ নয় তত

অন্ধকারে দু-চোখ তার জ্বলে
ফুলের গুচ্ছে জোনাকি আর ফড়িং
কখন সে যে মানুষ হয়, কখন বাদার পোকা
নিজেই সে কি নিজের মতো জানে

এ কথা ঠিক, রাত্রিবেলা তাকে
একটু-আধটু পশুর মতো দেখায়

সঙ্গে এক যুবতী আছে, তাই
মানুষ এখন পাগল সেজে থাকে
গর্ত গুহা ফাটল খোঁজে, আর
যখন তখন সাপের কামড় খায়

একথা ঠিক, মানুষ এখন আগের মতো নেই
মানুষ এখন মরতে ভুলে গেছে!

Man Has Now Forgotten to Die

- Shyamal Kanti Das

Man is truly lonely- but it isn't the case
Man is truly unhappy- but it isn't like that
Man is truly crafty- but it isn't so

But it is true that people feign insanity these days

A house by the forest, shrouded in creepers
He drinks a handful of water from the pool
eats unpeeled fruits from the tree
It's not a fruit, not a fruit – but poison
He may not eat his fill, thorns keep gashing his back

It is true humans are not humane anymore

In the dark, his eyes glitter
Fireflies and grasshoppers prance on the flowers
Sometimes he turns human, sometimes a worm from the marsh
Is he even aware

But it is true- at night
he somewhat resembles an animal

For he is with a woman, so
he goes about feigning lunacy
He looks for burrows, caves and crevices
and often gets bitten by snakes

It's true, man is not the same as before
Man has now forgotten to die.

Guhalipi Amanita Sen

রঙ

- শ্যামশ্রী রায় কর্মকার

ভ্রমর-হলুদ একটি বাড়ির গ্যারেজে,
গত জন্মে চেনা জাদুকর থাকে,
তার দেহের বর্ণ ব্র্যাকোনিড বাদামি,
স্বভাবটি অয়স্কান্ত, পোশাক মণ্ডুর।

সে সংশয়হীনতাদণ্ডে রাত্রি শাসনকরে,
যুবারাজ মিস্ত্রিদের পেরেক ঠোকার তালে,
দিনলিপি লেখে, গান গায়,
তার হাস্যধ্বনি থেকে উড়ে যায় কুশলীরুমাল,
একেকটি রুমাল খুললে রঙের ওংকার ভাসে!
যেসব রঙের কথা লেখা নেই পাঠ্য উপকূলে!

তারা ধর্ষিতা তরুণীর বিচার পাবার রং,
শাকবিক্রেতার শব্দফুলের বাগান,
প্রৌঢ়া গৃহবধূর গুরুত্ব চাওয়ার রং,
দৃষ্টিহীন শিক্ষকের উষ্ণ পাঠদান।

একেকটি রুমাল খুললেই প্রকৃত পাঠক শিখে যাবে,
গৃহপরিচারিকার গায়িকা হতে চাওয়ার,
রং কতটা গাঢ় হতে পারে!
যদিও বর্ণান্ধ নই, তবু
রুদ্ধ শপিংমলে লজেরি বেচা মেয়ের,

পাইলট হতে চাওয়া স্বপ্নের রং,
আমিও তো এতদিন ধরতে পারিনি!
মলের দারোয়ানের চাকরিতে স্থিতির রং,
বিষাদীর কাছে উৎসাহের..

আদ্রিয়ানা লিসোবার জাদুকরের সঙ্গে হয়তো,
আমার জাদুকরের একদিন দেখা হয়ে যাবে!
পৃথিবী বদলানোর ছক লিখে ফেলে তারা দুজনেই ঝুলিতে
ঢোকাবে, বিপরীত গোলার্ধে ফিরে যাওয়ার সামান্য আগে
দুজনেই নিঃশব্দ হাওয়ায় বদলের শর্তাবলি কোনও শিশু
ম্যাকাওয়ের ডানার তলায় লুকিয়ে রাখবে।তারা জানে,

ওড়ার স্বপ্নের মতো উচ্ছ্বসিত রং আর নেই...

Colour

- Shyamashri Roy Karmakar

In a hornet-yellow house garage,
lives a magician known from previous birth,
His skin is braconid brown,
manner magnetic, attire rusty.

He rules the night with his resolute wand,
pens his daily routines, and sings
to the rhythm of hammering of nails by young masons,
Deft kerchiefs take flight from his laughter,
each kerchief unfurls etymology of colours! About which
nothing is written on the curriculum coastals!

They are the colours of justice for a raped nubile,
the garden of a vegetable vendor's flower of a call,
hues of an elderly woman seeking importance,
the warm discourses of a blind teacher.

Unfolding each kerchief a true reader will learn,
how thick can the colour be
of a housemaid's wish to become a singer!
Though I am not colour blind, yet
I have never ever grasped
the colour of a lingerie selling girl's dream
of becoming a pilot from a stifling mall!
The colour of stability in a mall-doorman's job
is inspiring for the depressed ...

One day my magician might run into
Adriana Lisoba's wizard!
Drafting the blueprint of changing the world, both
would stash in their bags, just before retiring to their opposing poles
both would hide the modalities of change under the wings
of some fledgling macaw, amidst the lonely breeze, knowing,

no colour is as exciting as that of dreaming to fly ...

Kabi Sammelan Amitava Sen

পাখি-ভাসা দিন

- সৌমনা দাশগুপ্ত

দাবানল ঘন হয়ে আসে
স্থানীয় খবর নিয়ে উড়ে আসে আজান রঙের পাখি

একজন আমি-কে হেলে পড়তে দেখে
কেঁপে উঠছেন শ্রীমান হোসপাইপ

জল ছেটাতে ছেটাতে সাবান-সমগ্র লিখতে লিখতে
গান গাইছে ধুঁধুল-কঙ্কাল। ফুল থেকে ফলে তার স্বপ্রকাশ
ঝুলে ছিল লতানো গাছের আড়ে। ওইদিকে দ্যাখো

ওয়াটেজ কমাতে কমাতে নিভে যাচ্ছে কুয়াশাকুটির
অন্ধকার পিঠে নিয়ে হামা টানছে জঙ্গল

ফোটনকণার দল নেমে এল, নেমে এল সোনালি ঈগল
পাখি-ভাসা দিন...পাখি-ডোবা রাত
সমান্তরাল দুটি আগুনের শিখা...গোসাপের জিভ

বলেছিল তারার মশাল, রাতের বেলায় বৃষ্টি হবে খুব
মুষলধারে নামছে স্মৃতি। এরই মধ্যে কেমন দ্যাখো
আমায় নিয়ে দুপুর খেলছে রোদ। চড়ক – গাজন , আমিও যাব

লাভাজমি ছিঁড়েখুঁড়ে বেরিয়েছে ঘোড়া

Days of Floating Birds

- Soumana Dasgupta

The forest fire deepens
birds with hues of a muezzin's call fly in with local bulletins

Seeing a certain 'me' lean back
dear hosepipe wobbles

Between splashing of water, and scripting a soap-anthology
skeleton of a sponge gourd breaks into a song
hung in the cover of a creeper
its transformation is from a flower to fruit. Look there

a mist-hut dies out slowly with dimming wattage
The jungle crawls carrying darkness on its back

Photon particles come down, a golden eagle descends
Days of floating birds... nights of drowning birds
Two parallel flames of fire... tongue of a monitor lizard

The starry torch had said, it would rain heavily at night
Memories pour in torrents. Watch how amidst all this
noontime is playing sunshine with me.
I too will visit *Charak-Gajon*

The horse has emerged tearing through the lava field.

Ebong Soikatha Moulinath Goswami

সুখের শরীর, দুঃখের শরীর

- সৌভিক গুহসরকার

দুঃখের শরীর ভাঙা প্রাসাদের অন্ধকারে চুপ, সুখের শরীর নক্ষত্রে ভেসে যায়
দুঃখের শরীর ফুরিয়ে যাওয়া মেলা; সুখের শরীর ধানকাটার গান...

সুখের শরীর ভয় পায় সমাপ্তির; দুঃখের শরীর আগুনেপোড়া, ভয়হীন
সুখের শরীর প্রত্যাশায় কাঁদে, দুঃখের শরীর অপ্রত্যাশায় শান্ত...

তোমার সুখের শরীর ফেনানো ইস্তেহার, তোমার দুঃখের শরীর নীরব সংগঠক

Body of Comfort, Body of Misery

- Souvik Guha Sarkar

A miserable body lies silent in the darkness of the fallen palace; a comfortable body glides among the stars
A miserable body is the end of a fair; a comfortable body, the harvest-song...

A comfortable body is scared of closure; a miserable body, charred in the fire, is unafraid
A comfortable body cries out of expectations, a miserable body is calm without hope ...

Your comfortable body is a fabulous manifesto, your miserable body, a silent facilitator

Guhalipi Amitava Sen

অভিনন্দন

- শোভন মণ্ডল

যারা ভাবছেন এরপর টেবিল চাপড়াবেন
ভেঙে ফেলবেন কাপ-প্লেট, জলের বোতল, আরও কত কী!

যারা ভেবে রেখেছেন হাত মুঠো করে উঠে দাঁড়াবেন
পিছনে নয়, সামনের দিকে এগোবেন আর
শুধু মুখ নয় হাতও চালাবেন
তাদেরকে ধন্যবাদ, অজস্র নমস্কার
যারা ভেবেছেন সত্যি সত্যি না খেয়ে অনশনে বসবেন
নগ্ন হয়ে প্রতিবাদে নামবেন, একটু অন্যরকম
যারা ভেবে রেখেছেন
লিখে রেখেছেন
আরও অনেক কিছু, কতকিছু
তাদেরকে আগাম অভিনন্দন

আসলে কিছু করুন আর না করুন
এমন করে ক'জনই বা ভাবে!

Congratulations

- Sovan Mondal

Those of you now considering banging tables
breaking cup-plates,water-bottles-
and what not!

You, who have thought of rising up with clenched fists,
not stepping back but marching ahead
not merely wagging your tongue but landing a few blows too
I wish to thank you, I bow to you many times.
Those of you who have planned a hunger strike fasting in earnest,
to go nude for a protest march, have thought
a shade differently
have written in heaps
so many other things, so many things
I wish to congratulate you in advance.

In reality you may not do much
Nevertheless, who else can think the way you do!

Kledoj-Kusum Amanita Sen

গোলাপ কলোনি

- সুবিৎ বন্দ্যোপাধ্যায়

এটা একটা অ্যাসাইলাম স্যার।
পাহাড়ের অনেক ওপরে,
নিচেই দেখছেন উত্তাল সমুদ্র।
এখানে মানুষের স্মৃতিভ্রংশ হলে রাখা হয়।
আর যাদের তারপরেও মনখারাপ করে,
তারা এক, দুই, তিন বলে চোখ বন্ধ করে ভেসে পড়ে...

এক্সকিউজ মি স্যার, আপনি এখান দিয়ে
একটু আগেই কয়েকটা পাগল জোকারকে হাত ধরাধরি
করে উড়ে যেতে দেখেছেন!

ওদের স্যানিটোরিয়ামটা ওই ওদিকে।
যেদিকে শুয়োরের খামার আর বিষ্ঠার পাহাড়
তার পাশাপাশি।

এই এখানে দেখুন।একটু ভালো করে স্যার।
এখানে দাঁড়কাকের উন্নত ব্রিড তৈরি করা হচ্ছে।
নাম দিয়েছি দ্রিঘাংচু।
যে একটা কালো শামলা পরে উড়তে উড়তে গিয়ে
একেবারে মগডালে বসে বলবে কঃ!

অর্থাৎ কিনা সবই এক কষ্টকল্পনা মাত্র,
আসলে বাস্তব বলতে শুধু,
এই আমি আর আপনি দাঁড়িয়ে রয়েছি, এক
কলোসিয়ামের মাঝামাঝি দুই প্রবল প্রতিপক্ষ।

Colony of Roses

- Subit Bandopadhyay

This is an asylum Sir.
Up on the mountains.
You can see the turbulent sea down there.
Those suffering from amnesia live here.
Those who still feel sad count to three and drift away...

Excuse me Sir, have you seen a few insane jokers
fly away holding each other's hands?

Their sanatorium is located that way.
It is beside the pigsty and heaps of shit.

Look this way, Sir. Intently please.
They are making an updated version of ravens here.
They have named it "*Drighangchu*".
It will wear a black cloak, fly away
perch on the topmost branch and cry out "*Caw*"!

That is to say, all of it is a far-fetched imagination.
The only truth is that you and I are standing
in the middle of the Colosseum as two fierce enemies.

Kabi Sammelan Amanita Sen

দুটি কবিতা

- সূর্য মণ্ডল

পাহাড়

তুমি বললে পাহাড় মাত্রই পুরুষ
নদী মাত্রই নারী
আমি প্রতিবাদ করিনি একথার একটুও

যদিও তিন-তিনটি রাত কাটিয়েছি নিদ্রাহীন
এই পাহাড়ের দেশে।

ঝরনা

পুরুষেরা কাঁদতে জানেনা
পাহাড় যেমন

ঝরনা?

সে তো পাহাড়ের কান্নার আরেক নাম।

Two Poems

- Suryo Mondal

Mountains

You said mountains always are men
Rivers, always women.
I never refuted your words.

Though I spent full three nights sleepless
in the land of mountains.

Fountains

Men cannot cry
like the mountains

Fountains, can they?

Aren't they the other name for
the weeping mountains?

সর্বনাশপর্ব

- সৈয়দ কওসর জামাল

সর্বনাশ যা হওয়ার ছিল, এখনও কিছু কি তার-
বাকি আছে, জানো?
অনন্ত কলহ শুরু – সূর্যালোক আর ওই পরমাণু
মেঘের ছায়ায়
বিবাদ গড়িয়ে নামে, ভূত্বক ছাড়িয়ে নীচে,
ছুঁয়েছে জলের অন্তঃপ্রাণও
কোন পক্ষে আমি যাব? দুদিকেই আমাদের আত্মীয় ও
বন্ধুরা দাঁড়ায়

সবাই অবাক হয়ে দেখেছে অলীকদৃশ্য-কুরুক্ষেত্র
আকাশ উধাও
ধান জঙ্গলের পাশে, ক্লান্ত নদীটির ধারে, ডুবে যায়
ক্রুশবিদ্ধ আলো
মানুষের চোখে ঘোর, অন্ধকার ধীর নামে-
তরল আগুনে ছোটে নাও
মাঝি নেই হাওয়া নেই, শুধু স্রোত, নেশাগ্রস্ত
অগ্নিরূপ তরল ঝরালো

উনুনের মায়া নেভে, মনে হয় নীচে সূক্ষ্ম চোরাটান
বিহ্বল সংসারে
প্রশ্ন, শুধু প্রশ্ন ওঠে, আলোহীন মন ঘেঁষে
জেগেছে বিদ্যুৎ অকপটে
আবেগ উত্তাপহীন দেখে বিচ্ছেদের রেখা
ক্রমে ক্রমে স্তব্ধ দেহভারে
কে কার সন্ধান করে, সর্বনাশ গোধুলি লিখিত,
ফুটেছে সমুদ্রতটে....

The Doom Episode

- Syed Kawsar Jamal

Is any part of the supposed doom yet to happen –
Do you know?
An eternal squabble begins – under the cover of sunshine and
atomic cloud
the brabble rolls down, past the earth's crust, deeper
touching the soul of the waters
Which side do I take? On either flank our relatives
and friends stand out

Everyone stares in wonder at one fictive scene – Kurukshetra
the sky has vanished
the crucified halo goes down, by the edge of the weary river,
beside the pallid forest
there's a daze in the people's eyes, slowly darkness descends
a boat speeds through molten fire
no oarsman, no breeze, only the drunken flow
spurting fiery fluid

The hearth's affection dies out, as if a subtle undercurrent
down in this befuddled world
Questions, only questions arise, past the murky mind
lightning stirs in all earnest
staring numb, nonchalant, at the streak of separation
gradually silenced at the body's burden
whoever looks out for anyone, a doom scripted on twilight
emerges across the shorescape...

Guhalipi Moulinath Goswami

একটা স্বপ্ন থেকে বেরিয়ে

- তৃণা চক্রবর্তী

একটা স্বপ্ন থেকে বেরিয়ে তুমি অপেক্ষা করছিলে
অন্য একটা স্বপ্নের দরজায়
অথচ অন্য স্বপ্নের পাসওয়ার্ড তোমার জানা নেই

চারপাশে দীর্ঘদীর্ঘ গাছ, তাদের ছায়া ঢেকে দিয়েছে সমস্ত ব্যর্থতা
কী নিবিড় তোমার হারিয়ে ফেলা সময়

দরজার বাইরে থেকে দেখা স্বপ্নের ভেতর কেউ নেই
হাজার বছরের পুরোনো দরজার বাইরে দাঁড়িয়ে
ভেতরে যাওয়ার ইচ্ছেগুলো ছোটো হয়ে আসে

যে স্বপ্নের পাসওয়ার্ড তুমি জানতে
তা এখন অন্য একটা স্বপ্নের মধ্যে ভেসে আছে

যেন স্বপ্নের ভেতরে স্বপ্নের ভেতরে স্বপ্নের গান
দূর থেকে ভেসে আসা গান
কোনোদিন শুনেছ বলে মনে পড়েনা

তবু তুমি দাঁড়িয়ে থাকো
একটা স্বপ্ন থেকে বেরিয়ে অন্য একটা স্বপ্নের দরজায়
তোমার সময় থেমে গেছে

Coming Out of One Dream

- Trina Chakraborty

You were waiting coming out of one dream
At the door of another dream
But you don't know the password to the other dream

Lofty trees all around, their shades having concealed every failure
How intense is your moment of loss

The dream seen from outside the room has no one inside it
Standing before the antique door
Wishes to cross the threshold, turn diminutive

The password of the dream, you knew
Now hovers in another dream

As if the dream inside the dream has a song within
Song heard from afar
I don't think you have ever heard

Still you keep standing
Coming out of one dream at the door of another dream
Your time has stopped

Guhalipi Amitava Sen

একটি ল্যাম্পপোস্ট ও ভালোবাসা

- উদিত শর্মা

সেদিন স্ট্রিট ল্যাম্পের নিচে কোনও আলো ছিল না
অথচ চুম্বনরত দুটো আলো যেন বলেছিল
এ পৃথিবী এখনও কত সুন্দর
তাদের লসিত আলোয় ভরে গিয়েছিল
কৃষ্ণপক্ষের কবির আশ্রম
প্রেম কি তবে শুধু আলো নির্ভর

দিনের আলোর কদর্যতা নিয়ে
একটি দীর্ঘশ্বাস কতদূর হেঁটে যায়
ততদূর কি কোনও জলাশয় থাকে
প্রেম কি থাকে ওই জলের গভীরে
যেখানে রামপ্রসাদ হেঁটে যান মহাকালের বেড়া ধরে

সেই কালোর দীর্ঘসূত্রতায় পথ চেয়ে বসে থাকেন কবি
একা একা ভিজে যান
রাত্রি নামে আলোর মতো
অন্ধকারে নিজেকে ঘিরেই তো যুদ্ধ যত।

A Lamppost and Love

- Udit Sharma

The streetlamp cast no light that day
yet two kissing lights seemed to have said
the world is so beautiful even today
The full moon hermitage of the poet
was filled with their decked lustre
Is love dependent only on radiance then?

Carrying daylight's squalor along
the distance a sigh travels
does any waterbody exist there
does love nestle in the depth of that water
where Ramprasad ambles along the border of eternity

Staring at the path of that long-drawn darkness
sits a poet
gets drenched all alone
Night descends like radiance
Every battle is fought against one's own, in the dark.

Kledoj Kusum Moulinath Goswami

প্রত্নলেখা

- যশোধারা রায়চৌধুরী

প্রত্নপ্রয়োগের মধ্যে চলে যাব আমি
যত্ন নেই কোনোখানে, জেনে...

আরাম ও বিশ্বাসের মধ্যখানে রয়েছে যন্ত্রণা
সেইখানে বাসা বেঁধে থাকা চলে বহুদিন, বহুদিন আরও

সকাল রাত্রির মধ্যে একটিমাত্র সরু রেখা যেন,
এসেছে দুপুর আর সে দুপুর অনন্ত হয়েছে...
অনন্ত দুপুরে আমি যাবতীয় দুর্বলতা নিয়ে,
বসে আছি একাকিত্বে, অসমাপ্ত সেতুর মতন।

প্রত্নতাত্ত্বিক হয়ে লাভ নেই জানি,
মিছে আমরা পুরোনো সম্পর্ক থেকে আজও কত ব্যথা
পেতে জানি...
মাথার স্নায়ুর দোষ, আজও সেই ব্যথা পাওয়া
স্নায়ুর সাইন্যাপ্স চালু রাখে, জারি রাখে তাজা রাখে
প্রত্নব্যথাস্মৃতি...

আমি চাই ভুলে যেতে, বাঞ্ছিত রয়েছে কত প্রীতি!
তবু কেন অত্যাচার থেকে যায় কোষে কোষে আজও!

Archival Writings

- Yashodhora Ray Chaudhuri

I will plunge into the archive
knowing there is no care anywhere...

Between comfort and conviction lies pain
where one can be housed for long- a longer time

As though a slim line between day and night,
noon arrives to stay till infinity...
Through all frailties through the eternal noon,
I remain lonely, like an unfinished bridge.

I know there is no point embracing ancientism
how in vain we let
old bonds hurt...
Dysfunctional cranial nerves, still run the hurt neural-synapses,
keeps afresh and raw
the archived memories of pain...

I wish to forget, so much is left to desire!
Then why does tyranny reign supreme in every cell!

Contributors

Amanita Sen

Amanita Sen is an Indian poet, translator, critic, and mental health professional based in Kolkata. She has authored three volumes of poetry in English, including her debut collection, Candle in My Dream, published by Writer's Workshop. She also volunteers with various literary groups, assisting in organizing events and editing anthologies.

Amitava Sen

Born in 1968, he is a Bengali poet and translator who has found his retreat in composing experimental sonnets in Bengali. He has authored 4 books of sonnets and a slender volume of original Haikus in Bengali. In 1990 he was assigned to provide research and editorial assistance for the 'Encyclopaedia of Indian Cinema.'

Animikh Patra

A poet and translator writing in Bengali, he holds an MA in English Literature. He teaches at a government institution and has authored nine poetry collections. His poems have been translated to English, Italian, Chinese and Spanish. He co-edits bilingual literary journal *Duniyaadaari.com* and is a recipient of Sahitya Akademi's 'Travel Grant for Young Authors'.

Anindita Mukherjee

She is a poet, translator, and editor; and is currently a PhD student at the Department of English and Film Studies in the University of Alberta. She was selected as a fellow in 2024 Horizons Writers Circle, funded by the Edmonton Arts Council. Her latest book *How Silkworms Break Their Eggs: Selected Poems* (2024) brings for the first time the Bengali poet Mridul Dasgupta's poetry in English. Her poems and critical works have appeared in *The Guernica Editions, Poetry Pause: The League of Canadian Poets, The Lake, Madras Courier, and The Paris Institute of Critical Thinking*, among others.

Anita Agnihotri

Born in 1956, she is a versatile writer, poet and essayist. Her works originally written in Bengali have been translated into several major Indian and foreign languages, including English,Swedish and German.A retired civil servant, she has authored10 poetry collections, 12 novels, 11 collections of short stories, 7 volumes of juvenile literature, 8 collections of essays and nonfiction. She is the recipient of numerous awards.

Anuradha Mahapatra

Born in 1957, she has authored 46 books of poetry and prose, along with 2 books of poetry in English translation, and has been writing for about fifty six years. A social and cultural activist, she is currently working on the biography of poet Sankha Ghosh.

Arani Basu

Born in 1951, he is a prominent poet of the seventies. His collections of poetry have been few and far between, the most notable among them being *Shubheccha Safar*, *Loghu Muhurto*, *Bhanga Okkhore Ramdhonu* and *Chyut Pollober Hasi*. He has been editing the literary journal *Ulukhar* for the past four decades.

Ashish Chowdhury

Born in 1951, he currently lives in the steel city of Burnpur. An ardent lover of poetry, he has published two collections of poetry and one collection of prose. He is a regular contributor of poetry and articles to different magazines.

Bappaditya Roy Biswas

Born in 1976, he is a poet whose Bengali and English works regularly appear in the leading literary journals of West Bengal. He has six anthologies of poems to his credit. He is also part of the editorial teams of *Sahitya Ekhon*, and *Hello Testing Bangla Kabita*.

Bijay Singha

A retired Associate Professor of Bengali with 13 published poetry collections, he received the Birendra Purashkar in 2006 and the Kobi Karunanidhan Smriti Purashkar in 2022. In 2025, he participated as the National Poet in Bengali at Prasar Bharati's Sarva Bhasha Kavi Sammelan.

Bibhas Roychowdhury

Born in 1968 he is a poet, novelist, and essayist and has authored more than twenty books including seven novels and numerous essays. He is also one of the chief advisers of the Bengali literary magazine *Kabita Ashram.* He is a recipient of Bangla Academy Award (2013), Krittibas Award and Binay Mazumdar Puraskar (2020).

Biplab Gangopadhyay

Born in 1972, he has been writing poetry, short stories, novels, essays, children's literature, and translations. He has published 22 books and has received numerous awards, including the Tribritta Award, Mandakranta Award, Dolly Midya Memorial Award, Haripada Sahitya Mandir Award, *and* Maliburo Memorial Honor. He is the editor of Bengali poetry magazine *Ketaki*.

Biplab Majee

Born in 1947, he has authored 30 books of poetry, 40 books of prose and 9 books of translation, 6 books of Children's literature in Bengali language. Currently, he is the Chief-Advisor of the International Society for Intercultural Studies and Research (ISISAR), Kolkata.

Biswajit Chattopadhyay

A clinical cardiologist as well as a bilingual poet and translator, he has authored 25 books including poetry, short stories, non-fiction and translations. He has edited magazines such as Kolkata 2000 and Scorpion. He is the recipient of Bangla Kobita Academy Award (2003), and the Utpal Kumar Bosu Smriti Puroskar (2019).

Boudhayan Mukherjee

A bilingual poet with works published in journals and newspapers in India and abroad, he has authored nine books of poetry, translations and fiction. He has taught Creative Writing in English at Indira Gandhi Open University. In 2023 he was nominated for the Pushcart Prize (America) for poetry.

Chaitali Chattopadhyay

One of the most powerful Bengali poets of the eighties, her primary dream and life's purpose is writing poetry. She has received many prestigious literary awards from both the State and the Central Governments. She has authored more than a dozen books of poems, along with a translated collection in English.

Dhritirupa Das

Born in 1994, she is a Post Graduate from Jadavpur University and has been writing regularly for various magazines since 2015. *Boul* is her first and only published book of poetry to date. She is associated with the Bengali poetry magazine *Bandhabnagar* and lives in Bangaon, North 24 Parganas.

Dipankar Sen

Apart from writing poetry, Dipankar has published prose works on ancient drama.He has written essays for several magazines on renowned painters and has authored four poetry-books.

Ela Bose

Though a Postgraduate in zoology, her favorite subject is mathematics. She pursues the songs of Tagore and writes poetry. A teacher by passion, her first collection of poems is titled *Biraha Nagare Bosoti*.

Harit Bandyopadhyay

Born in 1967, he is a prolific Bengali poet from the Hooghly district with 14 volumes of poetry to his credit. He edits two Bengali magazines – *Chhayabritto*, and *Katum Kutum* -and has received many awards, the most recent being Zero Boundary Sommanona in 2023.

Hindol Bhattacharjee

A Bengali poet, novelist, translator, essayist, and editor, he has authored 23 poetry books, two books of novels, three essay collections. He has received several notable awards, including Birendra Purashkar and Paschimbanga Bangla Akademi Award, for his contributions to Bengali literature.

Jayeeta Bhattacharya

A poet, essayist, storyteller and translator from Kolkata, she teaches at a high school. To date, she has published three story books, four collections of poetry, a novel and a book of translated poems. A bilingual writer and has received many literary awards for her work.

Jhelum Tribedi

Born in 1984, she is a Bengali poet who regularly contributes to leading journals and periodicals in West Bengal and across India. She has three collections of Bengali poetry to her credit. Her poems have been translated into English, Hindi, Odiya, Telugu, Italian, Arabic and Montenegrin.

Joyita Basak

Born in the eighties and hailing from Shyambazar, she is a Postgraduate in Information Technology (M. Tech) from Jadavpur University. She has been writing since 2015. A Technology teacher at a private engineering college, she has long served as the Secretary of the century-old Samajpati Smriti Samiti Library.

Kalikrishna Guha

Born in 1943, he retired from the West Bengal Civil Services in 2002. He began writing in the 1960s and his first published poetry collection *Roktakto Bedir Pashe,* came out in 1967. Till date he has authored numerous collections of poetry and prose.

Kanishka Deogharia

Born in 1996, he is a Bengali poet from Purulia. He holds a Bachelor's and Master's degree in English from Rabindra Bharati University. He has several poetry books to his credit, the most recent being *Eso Ghar Payra Pushbo*.

Manish Sinha Roy

Born in 1956, he is a poet of unadulterated solitude. He began writing poetry during his college years. An experienced editor, he regularly contributes to the literary magazines *Ebong* and *Kaurab*. Recognized as a poet of the 1980s, he has yet to publish a book of his own.

Masud Khan

Born in 1959, he is a Bengali writer who has authored nine volumes of poetry and three works of fiction and non-fiction. Born and raised in Bangladesh, he currently lives in Canada and teaches at a college in Toronto. His international publications include *Poems of Masud Khan*, and *Carnival Time and Other Poems.*

Moulinath Goswami

Born in 1970, he is Bengali poet, who also writes prose. He has two collections of Bengali poems, two compilations of Bengali short stories, and four works of English translations to his name.

Mrinal Kanti Das

Born in 1958. He has been writing poetry since the late 1970 for both young and adult readers. He received Jatiya *Kobi Samman* from the Government of India for his poetic excellence. His work has appeared in nearly all major Bengali literary magazines and his poems have been translated into multiple languages.

Palash Dey

A poet, writer and cinematographer, he has 4 poetry collections, and 1 novel to his credit. He received the Boitoroni Somman (2023) for poetry and Namita Chattopadhyay Somman (2022) for his novel *Ostad*. His feature films include *Osukhwala*, and *Taranga*. He is the editor of the magazine *Eka*.

Prabal Kumar Basu

Born in 1960, he began writing poetry in the early 1980s and has to his credit 21 volumes of poetry, three short story collections, five essay collections, and one verse-drama in Bengali. He edits *Yapanchitra*, a Bengali literary journal and has received the State Akademi Award for his poetry collection *Jamon Kore Gaiche Akash*.

Priyanjali Debnath

A poet and story-teller from the Burdwan district, she has three volumes of poetry- 'Shobder Arobye aro ek krosh', 'Pakhider Bari' , 'Jyotsna-bari' and one collection of short stories 'Ebong Coronasur Bodh'. Her other interests include painting and recitation.

Ramchandra Pramanik

Born in 1952, he is a postgraduate in English literature who joined the Government of India as an income-tax official. He started writing at an early age, was associated with the editorial board of *Sangbed*, a Bengali literary journal. After a break of twenty-five years, he has recently returned to writing.

Ramkishore Bhattacharya

Born 1958, hee is a poet, novelist and editor. His first book of poems *Notun Jaler Gandho* was published in the late 1980s. He has 14 Poetry anthologies, 5 children's books, and one storybook titled *Golpo Mattro Noy*. He is the recipient of Bishnu Dey Award and the Samaresh Mazumdar Award.

Ranajit Das

Born in 1949, he is an eminent Bengali poet, known for his authentic urban voice and striking originality. He has published twelve books of poems, two collections of literary essays and one novel. He received the prestigious Paschimbanga Bangla Academy Award in 2010 and Rabindra Puraskar in 2013.

Ratnadipa De Ghosh

Rooted in Coochbehar, she is an alumna of Jadavpur University. She was acknowledged by the Bengali Literary Society of Patna. From 2011 to 2025, she has published 19 books on poetry and one debut novel. She also holds a Diploma in recitation from Prayag.

Saikat Ghosh

Born in Naihati in 1990 he is an IT professional, cinematographer, teacher, and lyricist- donning many hats with ease. His passions include cinema, travel and world music.

Sanghamitra Haldar

Sanghamitra Haldar is a prominent poet of Bengal. She is currently the editor of the online magazine Duniyadari. In 2017, she received the Krittibas Award for her poetry collection Dirgho-I.

Satadal Mitra

Born in 1961, he is a poet, writer and editor. He has 7 books of poems, 3 story collections and 3 novels to his credit. A Printing Technologist by profession, he is the editor of *Kathak* – a Bengali literary magazine.

Saumyaajit Achharya

An Indian poet, writer, playwright, translator, and academician, he has 23 books to his credit to date. His writings have been translated into English, Spanish, Serbian, Vietnamese , Korian, Uzbeki, Hindi, Manbhum and Nepali. His story and short film script were awarded at the Argentina Film Festival in 2015.

Sayed Hasmat Jalal

Born in 1957, he is an eminent Indian Bengali poet and writer, Jalal joined the Indian Air Force in his early youth and later settled in Kolkata. He has received numerous awards and has been felicitated across various Indian states and in Bangladesh. He is currently associated with The Statesman newspaper group.

Shyamal Kanti Das

One of the major poets in Bengali literature, he has authored more than fifty books and edited over a hundred magazines to date. He has received many prestigious awards including *Bal Sahitya Puraskar* (2023) by Sahitya Akademi. He currently edits *Kabisammelan*, a renowned poetry periodical.

Shyamashri Ray Karmakar

A Bengali poet, writer, and translator from Kolkata, her works have been featured in esteemed publications such as *Desh, Sharadiya Anandabazar Patrika, and Kavisammelan*. She has authored 12 books, including poetry collections and translations of Bob Dylan, The Beatles, and Leonard Cohen. She is the chief editor of *Sahitya Ekhaan*, a bilingual magazine.

Soumana Dasgupta

Born in 1967, she began her journey as a poet in 2003. To date, she has 10 published books of poetry and 1 novel to her credit. She received the Krittibas award for her poetry collection *Ved Payaswini* (2008).

Souvik Guha Sarkar

Born in 1979, he is a Post graduate in English Literature. A poet, writer and novelist, he has 5 collections of poetry, 1 short story collection, and a children's novel to his name. He is the editor of *Megh muluk*, a children's magazine. Ancient Indian literature has been a major influence on him.

Sovan Mondal

Born in 1980, he holds a Post Graduate Diploma in Film Studies. A Group A officer in the Finance Department of West Bengal, his poems have featured in almost all the literary magazines of the state. Till date, he has 5 published works.

Subit Bandyopadhyay

Born in Kolkata, he is a practicing civil engineer, who also nurtures a passion for writing, painting, and photography. As a poet, Bandopadhyay has two published collections: *Urur Niche Bishanna Nadi* and *Anubiser Dant*. His writings have appeared in esteemed publications and webzines.

Surjo Mandal

A Bengali poet from Bardhaman, he is associated with *Alobatash* magazine as an assistant editor. With 5 poetry books to his credit, his poems regularly appear in various magazines, including *Desh, Kabisommelon, Krittibas, Valmiki* and others. He works in the Panchayat Department of the Government of West Bengal.

Syed Kawsar Jamal

Born in 1950, he has been writing poetry in Bengali since 1970. He holds an MA in English literature and has published 12 collections of poetry. He also writes essays on poetry and translates French poetry into Bengali. He has 5 published books of essays, 3 books of French poetry translations.

Trina Chakraborti

A Bengali writer and a regular contributor of poetry, short stories and essays in various magazines, she has six collections of poetry and one edited book to her credit. An editor at *Yapanchitra*, she was invited by Hindi Academy, Sahitya Akademi, SAARC South Asian Literary Festival, International festivals in Dhaka and Kathmandu.

Udit Sharma

A resident of Halisahar, North 24 Parganas, he has four poetry collections to his name - *Gotipath Bisayak*, Brussels *theke New York*, *Fulel @ Roof Top*, *Einsteiner*

Behala- and one book of prose. He is a regular contributor to magazines such as *Desh, Natun Kabisammelan, Kabitapakshik, Masik Kabitapatra, Udbodhan, Dour* and others.

Yashodhara Ray Chaudhuri

An officer of the Indian Audit and Accounts Service and a noted poet, she has over 16 collections of poetry and short stories to her name. A recipient of *Krittibas Puroskar* in 1998, *Anita Sunil Kumar Basu Puraskar* instituted by Bangla Academy in 2006, she also writes novels, critical essays and articles.